羅馬

伊斯坦堡

小亞細亞

裏海

布哈拉

木鹿

大

白

阿勒頗

大馬士革

巴格達

伊斯法罕

設拉子

霍爾木茲

摩加迪沙

蒙巴薩

海陸絲路重要地點

當今絲路
人文風景

張倩儀 ＿＿＿＿ 著

中華書局

目 錄

● **第三章**

115　　　｜**內陸的中亞**

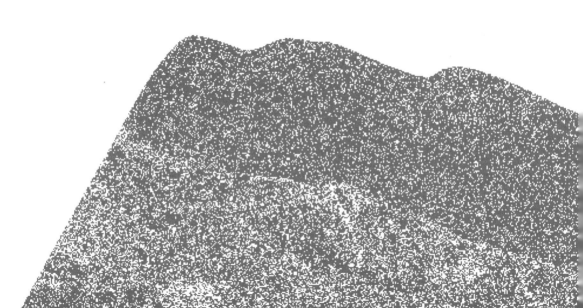

● 第四章

177 | 伊朗的海陸絲路角色

● **第五章**

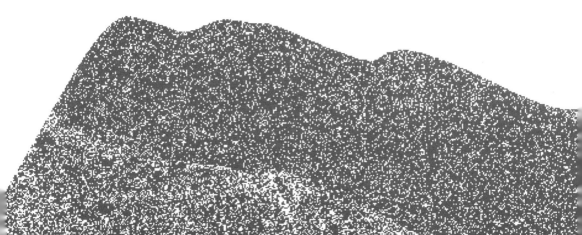

前言：當今絲路人文風景

平常心看絲路

我喜歡叫朋友猜，下面這段話是誰說的：

> 許多個世紀以來，南亞、中亞以至歐亞大陸其他地方，都由絲路
> 貿易扣連。

> 讓我們放眼新絲路——一個可以將久經衝突分隔的地區結合起來
> 的經濟和交通網絡。

> 但坦白說，成功有賴於改變態度，以及堅定的政治意願。吸引私
> 人投資非常重要，這要求一個長期穩定和安全的環境。這意味縱使困
> 難，大家仍要放下恩怨和紛爭，聚焦於機會而非威脅。

> 現在是時候不止說「不要」：不要恐怖主義、不要極端主義、不
> 要叛亂。還要說「要」，要經濟一體化，要加強各國的連繫，要這裏
> 的人民有前途。這是我們講了十年的訊息。

> 我希望跟在座各位共同努力，去實現這新絲路的願景。

猜謎實驗的結果，無一例外，朋友都說是習近平說的。當知道是 2011 年

美國國務卿希拉里說的時候，他們都驚訝難信。這篇講話可以在美國國務院的網站上找到，題目就標有新絲路。事實上，日本首相橋本龍太郎在 1997 年就曾推動日本企業作民間層面的絲路往來。

雖然政治人事變動頻仍，所以美日的絲路計劃，沒有甚麼大進展。而我引他們的話，也不是要說 2013 年習近平提出「一帶一路」是落後於人。我只是想說，關注絲路的其實不只中國。絲路是歐亞大陸的交通要道，從來未容忽略。2018 年，美國特朗普政府又提出「印太經濟願景」，評論說是針對中國「一帶一路」。無論如何，不喜歡希拉里的特朗普這個舉動，再次反映古絲路地區的重要性。

無論日、美、中，當提出重振絲路的時候，都強調民間的層面：橋本龍太郎鼓勵民間交流；希拉里期待美國有私人投資；中國講「一帶一路」，也強調要民心相通。民心相通是「一帶一路」的五通（政策溝通、道路聯通、貿易暢通、資金融通、民心相通）之一。這個政策上的用語，換成日常說話，其實不就是說要互相了解嗎？

即使沒有美日的圖謀，沒有「一帶一路」的倡議，互相了解仍然是重要的。中國人向來讚揚絲路，亦因為絲路幫助我們認識了世界，傳入了新思想，豐富了中國人的精神和物質生活。絲路與中國互相倚重。

因此，即使絲路仍然動盪，今天的絲路還是值得了解的。它是戰略要地、資源要地，未來仍然面臨長久爭逐。而在爭逐之中，重要通路總是古今相近的，這就是為甚麼在我們的新聞裏，總有這片土地的聲和影。

其實要互相了解，並不那麼困難，而第一步就是不抗拒去了解。我喜歡到處跑，純粹是因為好奇，想看看世界上其他人怎樣生活。雖然有些地方未有時間去，有些地方暫時不敢去，但是不會阻止想了解的人去了解它。幸或不幸，絲路古國的新聞逼人而來，雖然我不是國際新聞記者，但是完全可以

因利乘便，透過新聞、結合書本讓自己去加深了解。

古今扣連的人文風景

我讀歷史，但不想死讀古書；看新聞，但不喜歡只談今日。你發覺嗎？凡是有歷史的地方，它的今貌總是連着過去的。現在的絲路是怎樣的人文面貌呢？如果你看見今天的絲路覺得頭緒紛繁，那是因為未找到主要的幾根線。許多記者都發覺，今天的糾結有許多過去的因緣。為了尋找「今」的文化根源，不得不看一點「古」。

但「人文」、「文化」這些詞，範圍很廣。許多生活裏的東西，包括衣食住行各種細節，今天全都被冠以「文化」這頂桂冠，細細看去，恐怕是為了搶奪眼球。其實沒有焦點、沒有貫通的「文化」，泛濫無歸，最後變成東拉西扯。看的人以為知道了許多東西，其實不過是多知道一些細微末節。絲路那麼長、廣、深，我們得要用些巧勁。在本書中我會將人文面貌聚焦於可以幫助我們理解對方的角度，再結合新聞上經常入耳入目的訊息，來加深印象。

只要留心一下，就會發覺新聞常常涉及絲路的民族和文化。例如阿富汗的新聞常常提到普什圖族（Pashtuns）。阿富汗普什圖族是大族，把握着阿富汗的政治。當年美國想找出 911 的主使者拉登，知道他藏匿在阿富汗或巴基斯坦，想普什圖人幫忙。據說普什圖人領袖就曾對美國政府講，善待客人是他們的傳統價值，所以他們要保護拉登。你認為普什圖領袖是跟美國政府開玩笑嗎？

在後文，我希望提出一些問題，令你對這大片地方產生點興趣；傳達一些知識，有助了解這古老土地上的人民。

想認識世界、喜歡獨立思考的人，即使面對複雜的絲路文化，還是能夠

生出了解的動力的。有一次我跟一個留學歐美、商界出身的朋友聊天，他大可以在金融中心搞他的財技，卻跑去我們視為窮鄉僻壤的山區國家做生意。結果夾在血氣方剛的老外工程師和堅守傳統的鄉村長老之間折衝樽俎，既要維持士氣，又不能夠讓年輕人犯鄉規。說着說着，我都為他煩惱，他竟然說學會文化，不後悔。他覺得難以理解的，是他碰到不少老師，包括教歷史的，竟然對這些話題沒興趣，視野困處在身邊咫尺。

二千多年前，中國人主動開拓絲路，為自己打開一扇世界之窗。在講述全球視野的今天，為甚麼反而自我設限呢？如果停止學習和進步，我們和社會就真正衰老了。

第一章

海陸絲。路。

與中。國。

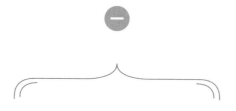

絲路究竟是甚麼

「絲綢之路」一名不是古代起的，漢唐皇帝不知道有絲綢之路。它是1877 年德國的地理學家李希霍芬（Ferdinand von Richthofen）提出來的，指的是東起長安、西連歐洲的商路。李希霍芬畫出的絲路是貫通歐亞的一條大動脈，很多歷史地圖也習慣將陸上絲路簡化成一條路。

但是絲路是一條路嗎？現在有學者提出，絲綢之路根本不是因為長程商貿而存在的，絲路周邊的居民經常作短途貿易，所謂絲綢之路只是這些本來存在的短途貿易路線的集合。至於說它也不是一條絲綢貿易的路，因為絲綢不是這條商路上貿易量最大的商品，所以絲綢之路主要不是賣絲綢的，這在學術界也近乎常識了。不過，絲綢美好，即使絲綢之路不是為絲綢而設，大家還是愛叫它絲綢之路。研究莊子的學者說得好：莊周夢蝴蝶，蝴蝶為莊周，多美啊。如果說莊周夢老虎，多麼煞風景！

那麼，到底沒有很多絲綢的絲綢之路是甚麼面目呢？它只是很多很多

條小路湊在一起嗎？

可以肯定的是絲綢之路不止一條路，而是一個變動的交通網，尤其是絲路的西段。西段的交通網不必等到張騫鑿空開拓絲路才出現，它們本來就是幾個大文化圈長期交往的通路。西段的絲路有時還走到海上呢！

對中國人來說，把絲路畫成一個路網，有很多要搞清的地方：這條貫通歐亞大陸的古路，東面比較容易把握。因為由長安或者洛陽出發，不得不走河西走廊，那是夾在戈壁和祁連雪山之間的狹長地帶。過了河西走廊，西域南北道還算明確，因為天山和塔克拉馬干沙漠是任何旅人都要面對的自然障礙，西去的路總得沿着天山或者繞着塔克拉馬干沙漠南北行走。再往西去呢？再西去，可能分成許多條路，而且經常因應時勢而變化。這就讓住在太平洋旁邊的中國人有點頭痛了。

還有一個因素要考慮，就是時間。絲路的東邊起點很明確，在漢唐時代，就是長安或者洛陽。但絲路的終點呢？許多地圖把終點畫成羅馬，這在漢代或許成立，但是西羅馬帝國在 476 年已經滅亡，只剩東羅馬帝國，那時中國已是南北朝。東羅馬帝國的首都在今天的伊斯坦堡，絲路終點有沒有改變呢？東羅馬帝國到 15 世紀才滅亡，中間時興時衰，有一陣還消失了，它的首都一直是絲路的終端目的地嗎？

至於起點和終點之間的路網，因應時代而有變化，就更不用說了。幸好萬變不離其宗，絲路既是交通要道，總有一些長期重鎮，例如中亞的撒馬爾罕就長期出現在絲路地圖上。長期重鎮在新聞裏也經常出現，2016 年敘利亞內戰中傷亡慘重的阿勒頗就是絲路重鎮，它在敘利亞北部，屬於兩河流域的肥沃新月形地區，而且長期有人居住，持續六千年，於 1986 年被評為世界文化遺產。由於它近海，扼守兩河流域和地中海之間的通道，歷來是貿易中心。可嘆的是因為位置重要，所以在現代衝突裏也會首當其衝。

至於後來出現的海上絲綢之路更變化多端：既沒有明確的起訖時間，

沒有固定的起點終點，範圍走向更代有擴展。我們對海上絲路的了解，比陸上絲路更不如。因為我們愛把絲綢之路定義為歐亞大陸的交通線，於是連海上絲綢之路也視為只朝向歐洲，而把非洲忽略了。唐代的中國航海人已經提過東非坦桑尼亞的地名，但很多海上絲路地圖上，非洲就是缺席。

今天我們對海陸絲路的變遷，都認識不足；對海陸絲路西面重鎮的了解，遠遠比不上對西歐或者美加城市那麼熟悉。想想你認識多少歐洲和美加的城市？給你一個地圖，你大概不難標註倫敦、巴黎、羅馬、威尼斯、雅典、紐約、三藩市、洛杉磯、多倫多、溫哥華，甚至悉尼。但是你能描述幾多個位在中國之外的海陸絲路重要城市呢？無可否認，絲路熱鬧的日子距離我們遠了，所以今天我們視絲路有如陌路。我們的視線都轉到歐美了。

▲ 阿勒頗古城是世界文化遺產，古城的大清真寺在 2016 年敘利亞內戰中受重創。
圖：Great Mosque of Aleppo / Fathi Nezam / Tasnim News Agency / CC BY 4.0

你能指出絲路的大概路線嗎?

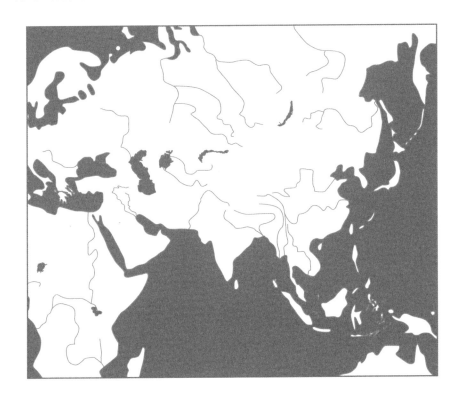

在一幅沒有國界的地圖上,你能否指出:

1. 亞洲和歐洲的界線在哪裏?

2. 絲路的起點長安在哪裏?

3. 絲路的終點在哪裏?

二

中國離不開
絲路

西去的幾條路

前面我說絲路與中國互相倚重,那是有地理原因的。

從亞洲東端的大地通向西域,古代有幾條通路:草原之路、絲綢之路、海上絲路;這三條路,或經北方草原;或由長安、洛陽出河西,通往大小西域 —— 這條是真正的絲綢之路;還有一條就是由中國東南沿海南下馬六甲海峽,西去印度洋的海上絲路。傳說中還有第四條,就是西南絲路,由四川、雲南經東南亞去印度,當年漢武帝走不通,今天亦未有考古實據證實。

這幾條路之中,以海陸絲路最重要,但海陸絲路比草原之路出現得晚,甚至和傳說的西南絲路相比,也屬於後輩。

有很多證據顯示,漢代通西域之前,很多中國的東西已經傳播到西

域。張騫去到大夏（約當今天阿富汗北部）見到四川的布和竹杖，於是猜想從四川、雲南可以通到印度去。雲南僻處中國最西南，或許很早就有古人由雲南西部去緬甸，再入印度。近代也有人走這條路，騰沖是雲南西部漢族生意人的聚居點，民國時期出過不少留學生。騰沖的留學生就是經緬甸出國，在孟加拉灣上船去日本或歐美留學的。但這條路難以大規模發展，因為要經過大河大山和莽莽叢林。想想抗日戰爭時建滇緬公路的困難；想想中國遠征軍在野人山的情況，連英美軍隊、美國顧問史迪威都吃盡苦頭，此路之難也就可想而知。事實上，漢武帝根據張騫的情報，想由西南通大夏，雖然有滇王之助，仍被昆明夷所阻，無功而退。

至於草原之路，狩獵遊牧的民族騎着馬，長期馳騁在歐亞大草原上，例如公元前幾個世紀的斯基泰人（Scythians，又譯西徐亞人，塞種）。這些以馬代步的人，由蒙古高原經阿爾泰山，很容易去到今日哈薩克斯坦南部的草原，再去南俄草原，過黑海，甚至去到匈牙利。考古發掘出來的東西，證明草原上的部族一直傳遞着各地的訊息，交換各地的物產，大家都同意這種傳播遠早於漢代開拓的絲綢之路。

問題是：與中原有關的兩條絲路既然不是最早，為甚麼又特別重要呢？尤其是陸上絲綢之路，簡直燦爛輝煌，大家津津樂道。要回答這個問題，就要考慮到古代中國的角色了。

古中國的絲路角色

中國對絲路重要，絲路對中國也重要。思考中國在絲路的角色，有三個入手點：

1. 絲路的西段是怎樣的；

2. 中國的地理孤立狀況；

3. 中國對絲路有甚麼重要作用？

絲路的西段好熱鬧

漢代開拓絲路之前，絲綢之路西段的地區早就長期交往，而且頻繁激烈。

那時遊牧部族經常來往穿梭，也曾經入侵西亞，斯基泰人就曾越過高加索入侵亞述。波斯第一王朝的開國皇帝居魯士戰績彪炳，卻在中亞河中地區進攻畜牧的馬薩革泰人時戰死。斯基泰人也曾在黃河河套的北部地區活動，那裏發掘出的青銅器，有許多動物互咬的生動圖像。當時的華夏文化圈與這些馬上民族既有來往貿易，也要防禦抵抗。

除了騎馬的民族東西馳騁，絲路西段也有能守土的民族勇武出擊。西亞很早就持續出現大帝國：巴比倫、亞述、赫梯。在伊朗高原興起的波斯第一個王朝，時間約在中國的春秋戰國中段，只能算是它們的小弟弟。波斯滅了兩河流域的巴比倫（在今伊拉克），繼承了巴比倫和亞述為代表的兩河文明 —— 那是跟埃及可以爭雄的古老文明！我第一次去波斯古都波斯波里斯的時候，一見那巨大的人首動物身大門石雕，立即想起大英博物館的亞述石門，有一刻竟以為自己不是在伊朗，而是去了亞述古城。

波斯帝國又與歐洲的希臘長期戰爭，幾乎讓希臘滅亡。後來希臘馬其頓的阿歷山大大帝東侵，滅波斯，一直打到中亞和印度河。

南亞有喜馬拉雅山脈守在北方，自處一隅，但古印度也不能自外於西域世界。雅利安人由裏海南下，分別入侵伊朗和印度。佛陀的祖先就是南下的雅利安人。印度的西北部是波斯、阿歷山大、阿拉伯東侵的孔道，那裏沒有高大難越的喜馬拉雅山，只要闖過阿富汗的山地，渡過印度河，就能進入富庶的印度。

甚至一直跟中國沒有關係的埃及，也在絲路西段現過身。早在亞述和巴比倫時代，就已跟西亞互有攻守。它跟小亞細亞的赫梯帝國大打出手之後，簽訂了世界最早的和約。難得的是雙方都保存下這份寫在泥版上的和

約實物，分別在埃及和土耳其的博物館展出。只因在埃及全盛期，絲路還未出現，所以古埃及才跟絲路沒沾上邊。

因此在文化的傳播來說：西亞是一個文化圈，奠基於兩河文明向西與地中海東岸各地交往頻繁，向東則影響力波及中亞和印度西北。

希臘屬於地中海東岸的文化圈，歐美上溯文化根源，常常只講埃及到希臘到歐洲的文化發展，而忽視同樣在地中海東岸有影響力的兩河文明，也少講埃及文化流播到西亞地區。

▲ 波斯首都大門的巨大石雕，人首動物身，跟兩河流域亞述帝國的如出一轍。

▲ 開疆拓土的波斯大流士　　▲ 大流士大帝石刻上的埃及圖像。一直跟絲路好像沒有關係的埃
大帝石刻　　　　　　　　　及，早就在絲路西段現過身。

事實是，在漢代開拓絲路之前，由中亞和印度北部，到伊朗高原、兩河流域、小亞細亞、歐洲的希臘和非洲的埃及，早就往來頻繁，連跨洲的大規模戰爭都發生過許多次了。

地理上的隔絕 ── 古代中國的孤立

當大西域沸騰熱鬧的時候，中國沒能早早參與這西域世界的往還。古代中國是孤立的，地理上跟其他大文明隔絕。漢唐最稱盛世，但西域仍然遙遠。從好的方面看，中國能有五千年不絕的文明，跟這個地理隔絕的格局有一定關係。人家打不到我，我也不易打人家，得以集中力量抵擋一波又一波的北方攻擊，直到 13 世紀才算徹底失守。

不打仗，不代表不想打交道。開拓絲路就是想打交道的表現。開拓的

第一步，跟大宛有很大關係。提起大宛，中國人就會想到天馬的故事，但我想透過大宛的事，來說明中國在地理上的隔絕。

《史記》說漢武帝為了得到最好的馬，攻打大宛。攻大宛並不容易。由長安到大宛，距離遠，人煙少。大宛估量漢朝大軍不可能到來。果然漢朝第一次攻大宛，漢軍大部分餓死在征途，只有數千人去到大宛，自然大敗而回。

再攻大宛之前，漢朝剛因攻匈奴損兵二萬餘，朝中上下都反對出兵，主張集中對付匈奴。武帝卻說：大宛是小國，如果不能攻下，那麼在更西面的大夏等，就會看輕漢朝！事實上，〈大宛列傳〉也說漢武帝聯絡烏孫共同出兵，但烏孫派去的二千騎兵只作壁上觀。漢軍圍城時，中亞國家康居在旁靜觀其變。直到漢朝在第二次大宛之戰獲勝後，烏孫和大宛東面的小西域國家才改變觀望態度，與漢朝加強聯絡。

打與不打，對漢武帝真是兩難。

武帝只是為天馬而戰嗎？讓我們先看看大宛王的估計：漢距大宛太遠了，諒你漢武帝的軍隊來不了！

漢距大宛到底有多遠？他有沒有計算錯誤呢？

為甚麼大宛對中國開拓絲路十分關鍵？

大宛今稱費爾干納（Fergana）。長安距離它有多遠呢？

我沒有測量的知識，也找不到長安和大宛距離的資料。想來想去，用了一個笨辦法去找答案：找幾個與西安和費爾干納在相近緯度的地方，用它們的經度和西安或者費爾干納的相減，就可以用得出的數值來評估距離的比例。

方法雖然笨，但得出的結果讓我吃了一驚。

		羅馬	雅典	伊斯坦堡	大馬士革	德黑蘭	撒馬爾罕	費爾干納盆地氣象站	西安
	東經	12.29	23.43	28.93	36.5	51.26	67	71.8	108.5
	北緯	41.54	37.58	41.06	33.4	35.4	39.6	40.4	34
距離的數值	與西安	96.21	85.07	79.57	72	57.24	41.5	36.7	
	與費爾干納	59.51	48.37	42.87	35.3	20.54	4.8		

由這個表可見，長安距離大宛，差不多等於由大宛去到地中海東岸的大馬士革！那麼遠，可見中國要到大宛是多麼長途跋涉。

中國要通大西域，確實要費九牛二虎之力。

然而有這絲路開拓，東漢才有絲路大盛，然後才有各路思想傳入，以及佛教所代表的印度思想，大力影響中國文化的故事。

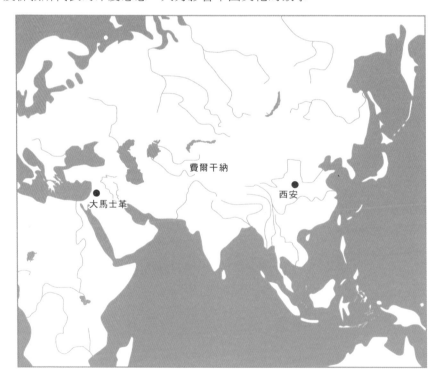

地理懸隔，漢朝開拓西去的路固然不易，即使較晚的唐代國力強盛，甚至設了管理機構在新疆和中亞，也改變不了這地理的實況。

阿拉伯帝國興起，入侵波斯和中亞。當時正當初盛唐，國力強盛，但是對兩處盟友的求助，還是有鞭長莫及之感。651年起，唐高宗多次拒絕波斯求助，波斯終於被阿拉伯帝國的倭馬亞王朝（Umayyad，唐稱白衣大食）所滅，波斯王子都跑到中國避難了，仍不能得唐朝之力去復國。

大宛那時叫拔汗那，想推翻阿拉伯人所立的新王，求助於唐玄宗。唐的邊將考慮路遠，不想進兵。力求建功立業的進士張孝嵩請纓帶兵，獲勝。但是唐朝沒有因此改變政策，過幾年，中亞的康、安、石、曹國要求支援對抗阿拉伯軍，在以後四分一個世紀裏，中亞還有俱密、吐火羅也來要求，全部得不到回應。現在唐朝的文集裏，仍然可以看到當時中亞派人來請救兵的六份文件。打開地圖就知道，唐朝所設最西的碎葉城，距離中亞核心地域，還有相當路程呢！唐朝的邊塞詩那麼有名，但許多著名的邊塞詩人沒有到過小西域（新疆），更別說大西域了。岑參真的隨軍到過西域，也只是今天新疆的東部而已。

不光中國要西去難，西域來中國也不容易。中亞霸主跛子帖木兒（Timur the Lame）聲震歐亞，1402年曾經跟奧圖曼帝國早期的英主巴耶濟德一世（Bajazet I）在小亞細亞決雌雄。巴耶濟德一世綽號雷霆，曾圍困東羅馬帝國首都君士坦丁堡，敗敵無數。兩雄決戰，帖木兒勝，俘虜巴耶濟德，使奧圖曼帝國出現一段無主的空白期。挾此聲威，1404年末，帖木兒發兵攻中國。當時是有雄略的明成祖在位，但也大為緊張。幸好帖木兒途中病死在今哈薩克斯坦南部訛答剌。看看地圖，帖木兒還未進入到今天的新疆！而帖木兒的大本營，其實「近」在中亞。他可以打到去小亞細亞，聲震歐洲，命運卻令他來不了中國，真是天佑中華！不過，西去是沙漠平川，東來則大山阻隔，勞師遠伐，說不定會使帖木兒名譽不保呢！

由此看來，如果中國不主動加入各大文明交往或爭雄的圈子，大西域各國想與中國作大規模的交往，也不易進行。

如此長途，軍隊都受不了，因此開通絲路對中國的重要性，恐怕不在錢。大家向來理解絲綢之路是一條貿易通路，現在美國學者 Hansen 提出懷疑，認為從運載量、交通量或旅人數量來評估，「絲路可說是人類史上旅行量最低，或者說是最不值得研究的一條路線」的結論。她甚至認為是中國在小西域沿線派兵，這些兵有了錢糧，要消費，才拉動當地的經濟。這個說法還有爭論，有人就從中國和西域絲價來推論，唐朝派兵在絲路駐守，實際上不必花大錢。無論如何，不花大錢不等於賺大錢，絲路對中國的意義還是不能完全放在錢上。

中國既然跟西方有這麼大的地理隔絕，廣大的民眾不易了解絲路西端的情況，中國商人亦不是絲路貿易的主要經營者。中國大花氣力去維護絲路暢通，可能是因為印度、西亞、地中海地區好幾個重要文化，都在中國的西方。中國向東是一圈島嶼，再去就是大洋，東向並不能給中國豐富的文化滋養，只好向西去尋找。這跟希臘的阿歷山大當年不會受歐洲吸引而向西看，於是要向東發展，道理一樣。

開拓絲路為甚麼離不開大宛

在張騫鑿空開拓絲路的故事裏，大宛有一個重要角色。此後漢與大宛的交往波折，反映了漢通西域的路途艱辛，值得再寫一下。

老子說小國寡民，人民才安其居，樂其業。這很合乎我們老百姓祈求過和平安樂日子的願望。可是老百姓對老子「鄰國相望，雞犬之聲相聞，民至老死不相往來」的國度，卻並不嚮往，總是讚揚探索世界、追求突破的時代。正因為幾千年來敢於探索和突破，才有今日全球化的議題；可是探索世界的步伐，也屢屢挑起無窮禍端，讓我們距離安居樂業、世界和平很遠。

大宛本是世外桃源，可是它又在人類西探東進的關鍵處，一片樂土，千百年來卻動蕩難休。這世間桃源的風波，我是去過大宛，再讀〈大宛列傳〉才明白的。

《史記》寫到匈奴等外族，是當時中國人的世界史，但《史記》只有〈大宛列傳〉，沒有〈西域列傳〉。未去大宛之前，我從來沒有問過，在《史記》的世界，何以沒有〈西域列傳〉而只有〈大宛列傳〉？

〈大宛列傳〉前半是張騫通西域的故事。張騫從大宛帶回西域各國情報，可見大宛是漢朝了解大西域的基地。〈大宛列傳〉的後半，則講漢武帝攻大宛得天馬的故事。

我知道大宛，也始於天馬。大宛和天馬是漢朝人的頭條新聞，在現代漢人中也有名聲。誰不知道漢武帝傾全國之力攻打大宛，天馬是觸發點呢？

我本來不知道大宛在甚麼地方，更沒有想到可以去旅行。這個跟漢朝對着幹的小國，今天叫做費爾干納盆地，分屬三個中亞國家的領土，主要的部分在今天烏茲別克斯坦最東面。我沒有幻想騎天馬，不意卻在大宛經歷更刺激的飛車。飛過車後，才悟到大宛的歷史命運跟地理形勢的關係，才明白何以《史記》沒有〈西域列傳〉而有〈大宛列傳〉。

這個在新疆以西的盆地因為張騫而進入漢武帝的視界。武帝派張騫聯絡大月氏以制匈奴，被匈奴羈留十年有多。他逃出之後，沒有放棄任務，往西走了幾十天，結果抵達大宛。當時大宛也聽聞漢朝富裕，只是無法聯絡。張騫到來，給大宛王一個機會，加上張騫許以漢朝的物質利益，大宛於是成為張騫了解西域的嚮導。大月氏最終沒受拉攏，但張騫以大宛為基地，初探了中亞地區，而且搜集到西亞的安息（即帕提亞，在伊朗高原）、條枝（塞琉古，約當敍利亞及今土耳其南部，為阿歷山大的部將所立國）的消息。張騫這個細心的情報員，把消息向漢武帝詳細報告。他第二次出

使西域時，派副使去西亞、南亞，於是漢與西域各國建立了邦交，武帝也得到了大宛的汗血馬。

到此為止，漢與大宛各蒙其利，人類的全球化未嘗不走了可喜的一小步。不料後來漢與大宛反目，漢朝勞師遠征，扼着漢通西域咽喉的大宛也國破王亡。

敦煌被稱為漢通西域的門戶，那首先通到新疆的小西域，大宛卻是漢通大西域的門戶。號稱世界屋脊的帕米爾高原，東伸出長長的天山和崑崙山兩大山脈，將新疆包裹其間。在世界屋脊以西，天山山脈的餘勢卻只像兩隻溫柔的手指正想拈着中亞的大河 —— 錫爾河。兩指之間一個橢圓形的盆地，面積 2.2 萬平方公里，大如三分之二個海南島，就是大宛。這裏水源充足，物產豐富，又有雪山作屏障，是世界屋脊旁邊的世外桃源。根據《史記》，大宛種稻麥，釀葡萄酒，是個農業地區，有大小七十餘城，數十萬人口。從中原一路走來，跋涉新疆無際的沙漠和零散的綠洲和草原，攀過世界屋脊的高山，終於來到翠綠富饒的大宛，正好休整一下，調理身心，或補充物資，或招兵買馬，這個盆地的戰略作用可見一斑。

▲ 圖中左面是費爾干納河谷盆地，三面群山包圍，西面開一口，中亞大河錫爾河流淌西去。圖右面是唐朝稱為熱海的大湖。　圖：AridOcean / shutterstock.com

更巧妙的是東邊的來路困難重重，往大西域的去路卻開敞得多。莫臥兒帝國開國君主出生於費爾干納，他說，除了西面通苦盞和撒馬爾罕的一方之外，都是群山環抱。在冬天，敵人只能從西面進入該地。

漢武帝的時代，大宛的北方盡是遊牧人國家，它本身又出產好馬，士兵也能騎射。大宛自恃形勢，低估了漢武帝西進的決心，結果為了自己最好的馬，而引火焚身。

《史記》說自從張騫通西域而富貴封侯，無賴之徒爭相效尤，小吹牛皮的做副使，大吹牛皮的做使節。由於使者絡繹於途，漢朝物品不再稀罕，途中小西域的國家也苛索金錢才肯提供食物。漢武帝已經得了汗血馬，偏偏有人跟他說大宛最好的馬在貳師城。這時大宛充斥漢朝物資，並不想拿出好馬來。大宛王從地理來計算，認為漢朝來這裏路程遠，路上又艱難，北有匈奴，南無水草，往往荒無人煙，食物不繼，數百人的漢使常常餓死一半，不可能派大隊軍隊來，奈何它不得。

第一次攻大宛，漢武帝發六千騎兵及數萬步兵。果如大宛王所料，途經的小西域綠洲國家不提供糧食，結果漢軍只有數千人去到大宛，又餓又累，大敗而回。將軍李廣利要求增兵。漢武帝大怒，關玉門關，入者斬。

漢武帝鐵了心，他不管國內蝗災和新敗於匈奴，不管滿朝文武反對，為了震懾大西域，必須攻下小小的大宛。於是發動數萬惡少年，又赦犯人參軍。這次發兵共十八萬，齊備糧食武器，帶上十萬牛、三萬馬、上萬的驢騾駱駝，弄得天下騷動。由於兵多，小西域的國家再不敢不提供糧食。終於有三萬漢兵去到大宛，圍城四十餘日。大宛內訌，貴族聯手殺了大宛王投降。漢軍取了好馬，並立了個傀儡大宛王。這一仗花了四年，只有萬多人生還，可見做惡少年也有很大風險。漢朝是以人海戰術慘勝。此仗武帝確實打開了局面，小西域諸國以至遊牧善戰的烏孫都轉而靠攏漢朝。

《史記》是不值武帝所為的，強調戰爭起於「天子好宛馬」，發動不少

亡命之徒作亡命之戰。雖然敗大宛主要靠圍城，以聲勢震懾，但內部因為將吏貪，不愛士卒，在不缺糧、硬仗不多的情況下，漢軍仍死亡枕藉。而漢武帝萬里西侵大宛，艱難之極，也就不作計較，大加封賞了。

讀史書時，我不免想強國的意義是甚麼呢？我自編的歷史詞典定義為：連庸才都有更大機會實現夢想的國家。人心幾千年來沒有大變，19 世紀英國殖民侵略遠東，來的也不是甚麼好角色。百多年來，在英國碌碌無能者在香港也能當上高官，大概也是惡少年的故事，不過他們的死亡率可能低得多。

絲路離不開中國：中國加入歐亞大陸交往的重要性

海陸絲路比更早的草原之路和傳聞的西南絲路在歷史上更重要，是因為中國打通絲路，加入大西域長期交往的世界。這對中國固然是突破，對西方也有重要價值。

中國的重要性，來自三個方面：

首先，中國是原創的文明。中國不是最古老的文明，在四大文明古國裏，是小弟弟，如果要追溯，甚至未必比近水樓台先得月的波斯為早，因為波斯可以追溯到靠近兩河的埃蘭。因為地理懸隔之故，中國早期文化主要是原創的。原創有重要性，因為

▲ 陶俑所見的漢代人形象

它是異質的，強大的差距感會造成新鮮的印象和刺激，開拓文化更新的空間。在絲路西段尤其是地中海和西亞各國已經長期融混的情況下，一個異質而深厚的文明可以為交往注入活力。

其次，中國是發明的國度。這個講法好像不符合今天大家對中國的印象，特別是中國人對中國的印象。現在我們經常追問中國為甚麼有科技沒科學，我們也幾乎沒有把「科技」這個有點俗氣的詞，跟「發明」這個高尚有活力的詞相配起來，所以我們的自我形象比較低落。但是，「中國是發明的國度」，這是歐洲對歷史上的中國的印象。我這麼說，來自一次經驗。多年前，在英國一套有名的兒童知識書裏，我見到最新出版的《中國》。書封上的簡介文字第一段只有一句：「中國是發明的國度。」我愣了一下。見到一個意大利出版界的朋友，於是問他，中國是發明的國度嗎？他說當然。我好奇，追問他，大家印象中的東方發明國度不是日本嗎？他反問，日本發明了甚麼呢？這件事教訓了我，不要受今天的世俗印象影響。歷史長河裏的中國確實是個發明大國。

紙、印刷、羅盤、火藥對人類的文明進展影響很大，對歐洲就更有解脫之功。四大發明之外，中國還有令西方趨之若鶩的絲綢、傳到日本的塑性材料──漆、繼絲綢之後風靡一時的瓷器，還有不斷改良的耕作方法；航運上則有水密艙、軸心舵、三角帆、浮錨、槳櫓、拆卸舵、摺疊帆等等。歷史悠久的中國，長期有技術創新。

最後，令中國加入歐亞大陸交往顯得重要的，還有中國龐大的人口和強大的經濟能力。利潤是貿易的基本動力，要以商貿促進交流，離不開盈利。中國由秦漢到清代，長期是人口大國，清中期以前亦一直是經濟大國。

在古絲路上，中國的角色主要不是西方產品的消費者，而是參與推動西方的技術創新。至於中國自己，則由輸入的精神文化、科學新知和生活娛樂上大量獲益。

打破對絲路的
陌生感

陌生的絲路西段

細讀一點絲路材料，我深深感到，對西方世界，不是中國古人無知，而是當今的我們無知。陸上絲路還稍好一些，畢竟佛教讓我們跟印度結了很深的緣。至於所謂海上絲路，既沒趕上佛教傳入的高峰期，當時中原人已被北方民族壓迫得喘不過氣，海上絲路似乎沒有為他們注入強大的思想動力。多輸入了藥物品種，當然多救了人命，但多了一些奇珍異寶、珍禽異獸，多做幾道帶胡椒味道的菜色，實在說不上推動人類歷史大發展。

今天，海陸絲路都俱往矣！對當代的中國人來說，絲路與我何干呢？那些地方現在又窮又亂，古代的歷史又悶又煩，何況今日世界天翻地覆，新動力都在歐美，何必去管那些老舊的地方呢？

絲路的來往歷史長，國族多，要深入了解確實不容易。不過，這大片

土地經常出現在我們的新聞裏，而且自從美國發生 911 事件後，忽然還影響到我們的世界。絲路世界的事不再是紙張上面、機器裏面的影像和文字，還會波及我們的小天地。如果我們先建立一個簡單框架，看新聞的時候就少了陌生感，對人類世界最大的大陸，也少了恐懼和無知。

以我自己為例，我對伊拉克古文明地名的熟悉，來自 2003 年美國入侵伊拉克！這真是不幸的事。我天天在電視上關注軍事進展，於是知道巴士拉在南面，是個港口，知道摩蘇爾在北面，巴格達在它們中間，而伊拉克所在的兩河流域，一片平坦，幾乎無險可守。讀世界歷史，一開篇都要講埃及和兩河文明（美索不達米亞），這是世界最古老的文明。而兩河流域主要就在今天的伊拉克，摩蘇爾、巴士拉、巴格達都是赫赫有名的古文明地方。

了解絲路，可以從了解一些中國以外的長期重鎮開始。這些長期重鎮，大者如撒馬爾罕、阿勒頗、伊斯坦堡，往往是歷史上常常提到的，也是今天新聞裏經常出現的。2012 年伊朗發生六級地震，幾百人死，震央在大不里士（Tabriz）附近。大不里士就是絲路重鎮，亦是蒙古四大汗國之一的伊兒汗國的首都。可憐我中學讀了三次中國通史，還不知道蒙古四大汗國的首都在今天哪裏。現在訊息流通，只要好奇心重一點，這些訊息真是手到拿來。

更陌生的海上絲路

海上絲綢之路這個名字，出現得很晚，如果說絲綢之路主要未必用作運絲綢，那麼海上絲綢之路就更難當絲綢之路的名稱了，這時中國已有另一種重點手工業產品，就是陶瓷。它經得起運輸折騰，西方對它的需求量又巨大，所以更早的時候，學者叫這海上貿易路線為陶瓷之路。不過改稱為海上絲綢之路，附合陸上的一條，叫起來更響亮，也更易記。

海路不似陸上絲路，有明確的開始時間 —— 張騫通西域，以至衰落時間 —— 明代關上嘉峪關；有明確的起點 —— 長安、洛陽。

海路還未大開的時候，早就有人小規模地經海路來往。東晉的法顯和尚就走海路從印度回中國，曾到過斯里蘭卡和今天的馬來西亞浮羅交怡。海路的起點以近水樓台的中國南方省份為多，但不限於一地。它的終結時間可以說沒有，即使現在空運很成熟，海運還在進行，仍然有相當規模。

海上絲路的範圍走向也不明確，海路貿易嘛，當然不限於西去的路，還可以包括東向的日韓，那麼漢武帝未開絲路，早就有徐福去日本了；海上貿易路線歷代亦有擴展，明代開始可以南向去馬尼拉，然後到南美。

由於海上絲路對中國的影響主要在經貿方面，不像陸上絲路有佛教傳入，深刻影響中國的思想，並在文化藝術上大放異采，所以中國人對海路的了解和興趣遠遠不及陸上絲路，也因此造成時代雖近，認識反而更少的現象。

中國文字也影響了我們了解絲路的動力。中文不是拼音文字，歷代對地名的翻譯又不同，一個地方叫出幾個名字，即使發音有點相似，還是不敢肯定是不是同一個地方。我追蹤蒙古西征時，就被莫臥兒帝國這譯名瞞騙了，搞了很久才悟到它自稱是個蒙古帝國。其實今天全球的訊息不難取得，學術訊息也不那麼依賴珍本孤本，要打破陌生感，方法其實很多。我就做了很多表來幫助自己，例如右面這個。只恨我們的出版原創力量不足，沒有人肯做死工夫。

《諸蕃志》*	現代版	《諸蕃志》	現代版
交趾國	越南北部	南毗國	南印度Kozhikode
占城國	越南中部	故臨國	南印度Kollam（奎隆）
真臘國	柬埔寨	胡茶辣國	古吉拉特邦
賓瞳龍國	越南南部	麻囉華國	中央邦
登流眉國	泰國南部某地	注輦國	朱羅王朝
蒲甘國	緬甸蒲甘	鵬茄囉	孟加拉
三佛齊國	印尼巨港	南尼華囉國	（不詳）
單馬令國	泰國南部 Nakhon Si Thammarat	大秦國	東羅馬帝國
凌牙斯國	馬來西亞吉打州	大食國	阿拉伯帝國
佛囉安國	Terengganu	麻嘉國	麥加
新拖國	爪哇	弼琶囉國	阿丁灣Berbera
監篦國	蘇門答臘	層拔國	坦尚尼亞Zanzibar
藍無里國	印尼阿齊	中理國	索馬里
蘇吉丹	婆羅洲加里曼丹某地	甕蠻國	阿曼
渤泥國	汶萊	白達國	巴格達
麻逸國	菲律賓Mindoro島	吉慈尼國	阿富汗加茲尼
三嶼	Batanes等島	勿廝離國	伊拉克巴士拉
蒲哩嚕	馬尼拉	木蘭皮國	Almoravids王朝（北非阿爾及利亞、摩洛哥，及葡萄牙、西班牙南部）
流求國	琉球	遏根陀國	埃及亞歷山大港
毗舍耶	琉球附近某島	茶弼沙國	（不詳）
新羅國	朝鮮半島南部	斯加里野國	西西里
倭國	日本	默伽獵國	摩洛哥
細蘭	斯里蘭卡	*1225年南宋泉州提舉市舶司趙汝适著	

四

體驗筆記：大宛

緊張的盆地

　　2009 年我去費爾干納，也就是漢朝的大宛。沒想到形勢極為緊張，同在一國之內，但是由烏茲別克斯坦的首都前往費爾干納盆地，大旅遊車不讓去，要我們換乘多台小汽車。

　　進入費爾干納盆地要經過關卡審查，出發之前，導遊就告誡各人，在關卡不能亂走，不能拍照，不能這個，不能那個。我們穿過雪山，來到綠油油卻仍帶殘雪的山坡前，這裏就是關卡。等查證件，等過關，都有導遊代辦，我們只是在屋外等。百無聊賴之際，見到透明的陽光中，草、雪、陽光交織，我於是沒聽導遊教誨，在戶外拍了兩張風光照片。果然，立即被士兵叫到一邊訓斥，幾乎要刪影像才過關，而導遊當然也埋怨我。

　　離開山區，進入費爾干納盆地，一馬平川，但給我的第一印象並不富裕，天灰濛濛，地上也不見綠色，不似是物產豐富的地方。不過，莫臥兒帝國開國之君巴布爾在印度建立起帝國之後，回憶費爾干納卻是這樣寫的：「這裏是農業定居區的邊境。」「費爾干納地方不大，但富產穀物與水

果。」他不斷讚揚這裏產的甜瓜、杏、石榴，又說這兒是好的狩獵場，野羊、野雞肥美，還有空氣清新、流水處處的美好。甚至有兩個城市的居民互相競誇自己城裏的空氣質素呢！

走馬看花的旅人印象不一定可靠，或許我沒深入費爾干納。不過由於中亞地區乾燥、風蝕、河流缺水、耕地增多等，據說巴布爾盛稱甜瓜為中亞之冠的一個費爾干納大城市，已經不復存在了！

費爾干納盆地有幾個重要城市。屬於今天烏茲別克斯坦的有安集延、浩罕、費爾干納；不在烏茲別克斯坦境內的，還有奧什和苦盞，都是絲路名城，今天分屬吉爾吉斯斯坦和塔吉克斯坦。我們進入叫費爾干納的城市，街道還見一片綠色，樹木高大。一切美好的，尚幸還不至全無留痕。不過，巴布爾所記述的盆地城市許多河畔花園，大概已經不存，沒有在我

進入費爾干納盆地的路上，不少山區婦女賣小百合。

們的參觀點上。除了浩罕王國的宮殿、絲綢廠、陶瓷廠，費爾干納盆地的景點已經不算多，我們去的那年，連城市最大的星期五清真寺也關閉，不能參觀。原來費爾干納盆地極端伊斯蘭教信徒眾多。2005 年安集延發生過武裝騷亂，雖然已經過了幾年，但是局面仍然緊張，所以草木皆兵。星期五是伊斯蘭教徒的假日，星期五清真寺一般是當地最大的清真寺，據導遊說，為免信徒聚集，就關閉了。我們的新聞很少關注這些地方，所以我們團裏雖然多的是不出門而想知天下事的秀才，卻無人知道。

費爾干納盆地不見得是個好的旅遊點，路途遠，景色也不見得獨特，我對重遊此地興趣不大。但是讀着巴布爾的描寫，又覺得自己對大宛的了解太淺薄了，或許有一天，當我還有氣力，我又會拿着歷史書，自己跑到這裏做古今對照吧？

在大宛飛車

我說去大宛旅行，朋友都問：去騎天馬嗎？朋友，現在不是漢唐時代了，天馬找不到，我們到大宛改坐飛車。

飛車經歷正可見證大宛的西面並不封閉。

我們的小汽車隊是從西向東，爬過雪山山坳，進入大宛的。怎也想不到在爬坡下坡之際，會成了司機大哥的賽車時刻。十一輛四驅小汽車，每輛連司機坐四人，以一百三十公里以上時速，在八字盤山路上並駕齊驅。那種車隊飛馳的得意，怎麼形容呢？尤其下山時，各司機大哥更是極快意的羅密歐，交相爬越，樂此不疲。下車小休時我們乘客趕忙交換情報，一個朋友說他挑最老的司機的車，以為最穩妥，沒料到一

費爾干納往西雖然也有雪山疊嶂，但並不險要。

路時速二百公里以上，速度計的指針都去到盡頭了，韓國新車轟隆轟隆，像快要散架似的。那些年青司機反倒不那麼瘋。

不過我們都不很怕，因為車雖然快，但是走的不是常見的崎嶇山路。大興安嶺、四川、雲南的山路我走過不少，歐、美的山也見識過，很少見迂迴的盤山路像大宛這裏可以三線行車的，連巨型貨車也綽綽有餘。我們要坐小汽車入山，純是因為這裏局勢緊張，大旅遊車不許行駛。雖然同在

一國之內，由烏茲別克斯坦首都東進大宛的關卡卻很嚴，逐一檢查證件。關卡附近風光美好，但早有訓諭不能拍照。我忍不住拍了幾張照片，立即被阿兵哥召去。

大宛有雪山圍繞，資源豐富，本該是個快樂的小桃源，可惜桃源不在世外。它的位置關鍵，在中亞這個世界大通衢的最東面，民族眾多，各有信仰，平靜之中不無暗湧。我初訪時，首府最大的周五清真寺不開放祈禱，為的是怕聚集人眾。

這桃源本身也不是省油的燈，曾經生長過印度莫臥兒帝國的開國之君；清朝末年這裏的小汗國在俄國逼迫下染指新疆，才有了左宗棠守大西北的中國故事。

至於兩個歷史小謎：大宛是甚麼意思？天馬是不是真的？是甚麼馬種？前者我在當地問人，據說大宛與今名費爾干納，意思差不多，都是雪山河谷，不過民族變遷，換了一種語言而已。維基百科裏卻猜漢人稱為大宛，這個詞變自大愛奧尼亞，居民可能是希臘殖民的後代，真是阿歷山大東征迷才講得出的話。歐美迷戀阿歷山大大帝的人很多，因為不少歐美書吹噓希臘東侵，兒童自小就看，都認東侵是壯舉、阿歷山大是英雄，從無敵手。我們常常說讀中國史，要有世界眼光，其實歐美人讀歐美史，也該如是。

至於天馬，我在大宛沒見到，只是對比漢以來的天馬圖像，原來跟香港賽馬場裏每周競賽的阿拉伯馬是一家人呢。

聖城奧什的王子

費爾干納盆地最東面有兩個名城：奧什（Osh）歷史久，向來是重要城市，而往西不足一百公里的安集延，則是費爾干納最大的城市。錫爾河是中亞大河，它先流經奧什郊區，再流到安集延。莫臥兒開國之君巴布爾

說：就氣候和景致而言，整個費爾干納地區，沒有城鎮能與奧什媲美。安集延瘴氣多，秋天居民常得發燒病，但奧什氣候宜人，流水奔騰，春天極美，遍開鬱金香和玫瑰。又說關於奧什的美妙有很多傳說，傳聞城南有一座美麗的山，山下有個清真寺，外廳是一片陰涼喜人的草地。在草地上睡覺的人，讓山坡的大渠流下的水流到身上，作為遊戲。

今天奧什和安集延分屬中亞兩個國家。

有人說奧什可能是漢朝大宛的貳師城，即是大宛最好的馬種所在。我不想追究這段歷史，也不知道奧什和安集延哪一個更有資格，只是聽聞奧什有聖城的美名，所以去一遊。這個城市在 10 世紀以後成為伊斯蘭教學問中心，影響力曾經及於整個伊斯蘭教世界。

奧什今天劃在吉爾吉斯斯坦。這個不大的國家，有大山阻隔南北，奧

聖山蘇萊曼山並不高，但足以俯視奧什市。

什屬於南方。南北交通，坐公路車，要十多小時。由於吉爾吉斯斯坦經濟出路不多，每年有上百萬的國民去俄國打工。由南方去俄國的，集中在奧什出發。

去奧什旅行，不易深入感受到它的動人處。這裏沒有甚麼景點，說它「流水奔騰，春天極美」，大概要到城外去找。奧什百里外是世界最大片的核桃林，據說有上萬公頃，說是阿歷山大曾經駐足，核桃亦由此西傳。

城裏最重要的景點是蘇萊曼山，它是吉爾吉斯斯坦的世界文化遺產，曾載入羅馬時代的地理書。山上有許多岩洞，有原始人穴居的痕跡。其中一個又高又大，曾是波斯祆教（拜火教）祭拜的洞穴。今天它是伊斯蘭教的聖山，傳說有先知蘇萊曼的墓。不少教徒來朝聖，我在山下就分別遇到盛裝朝山的吉爾吉斯和烏茲別克族婦女。

這列山近看不覺得特別，既不蒼翠，亦無溪流，山形亦不算優美。從遠方看它，則在奧什平坦的城區中聳起五個山峰，還是有種異軍突起的感覺。

然後呢？蘇萊曼山之外，是看市集，據說是中亞最大最古老的市集。此外可看的就不多了，連清真寺也沒甚麼宏偉瑰麗的，沒法跟撒馬爾罕、伊斯坦堡和伊斯法罕比較。這個古城、聖城，看來就像一個小城。

那個市集，就是一個大市集，此外無他。但是 2010 年吉爾吉斯斯坦革命其間，奧什發生騷亂，吉爾吉斯和烏茲別克兩族互相攻擊，據說大市集也掛着屍體。我逛的時候，難以想像不足十年前，這裏充滿血腥場面。

種族衝突之外，激進宗教勢力現在也是奧什的隱憂，曾經有來自奧什的人參與歐洲的恐怖襲擊。只是走在街頭，感覺不到緊張的味道。我和朋友閒遊作樂，在街頭留意長得像世人所謂恐怖分子的男子，結果見到很多，而他們身邊都依傍着嬌俏的女朋友。比起哈薩克斯坦，吉爾吉斯斯坦多了包頭巾的女子，奧什也不例外，但這裏的街頭也多的是美容院，簡直是五

步一樓，十步一閣。

奧什的「王子」更令我們的「恐怖分子」觀無處容身。

「王子」（Amir）是我們所住酒店的司機，在機場第一眼見到他，衣着整齊，白襯衫，打一條窄領帶，穩重而跳脫，風度翩翩一少年。

我們外出吃晚飯，請酒店代叫出租車時，他提出載我們一程。我們想：這一下被宰了。下車付過錢，他寫下電話，叫我們飯後聯絡他。飯後，我們想走路，也想省下車費，就沿着馬路走回去。那裏是居民區，街上有些小店，燈光不多。有一小段行人路破破爛爛，路旁一排大樹，更顯幽暗，讓我略感不安。正快步走過時，身後忽然有人用英語問：「你們去哪裏？」我連忙叫朋友不要回應，趕快再走幾步到光亮處。我話音未落，朋友已經

開生日派對的奧什市男孩（左）。他們也玩拍公仔紙（右）。

大叫：「這不就是我們的司機？」

真是逮個正着！原來他在買外賣晚餐。

他沒有問為甚麼不給他電話，只叫我們上車等一等，他去拿了外賣就走。我們坐在車上，就像兩個被擒的逃犯。回酒店的路上有個大百貨店，他突然停車，問我們吃不吃巧克力，然後敏捷地進了商店，帶回幾塊巧克力，遞給我們兩塊。我們收下巧克力，面面相覷。當天是母親節，難道因為我們是女性，獲得這優待？下車時，他沒有收車資，還說明天可以送我們去機場。我們問過收費，道過謝，溜走了。

因為仍然懷疑酒店的車比外面貴，當晚還是叫酒店服務員代訂出租車去機場。第二天辦好退房，正問司機何在，「王子」從櫃枱後又冒出頭來，大家說這就是你們的司機。他滿面笑容，沒有半點怪責的表情，我們卻為再次出賣他而尷尬。

奧什很多人在學普通話。酒店服務台有個漂亮姑娘也在學，曾跟我們聊過幾句。「王子」問，能不能順道送她一程去上課？我們當然滿口應承。到了校門前，「王子」在她頰上一吻道別。原來是小情人！那些外賣晚飯、巧克力，還有免費送回酒店……，啊！我們終於明白了。我們的逃犯犯錯感、不幸被宰感，都換成給一對小璧人的開心祝福。

本章參考資料

• 〔英〕弗蘭科潘（P. Frankopan）：《絲綢之路》，杭州：浙江大學出版社，2016 年。
• 〔美〕芮樂偉‧韓森（V. Hansen）：《絲路新史》，台北：麥田出版社，2015 年。

古印度和斯里蘭卡的海陸絲路角色。

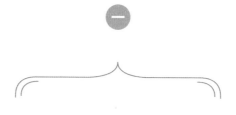

中國和印度的
巨大差異

　　提起印度，你會聯想到甚麼？許多人可能想起咖喱、瑜伽、泰姬陵，或者甘地，近年還有載歌載舞的寶來塢（Bollywood）。喜歡科學的人可能想到數學的 0、想到 IT，甚至想到核彈。熟悉歐美奢侈品的，則可能想起卡地亞 Tutti frutti 系列的珠寶。而一般人想到印度，總擺不脫人多、貧窮、衛生差、貪污，以至交通混亂，火車頂也擠滿人，甚至強姦案頻生的印象。

　　我對印度則有一種不可思議的印象。印象源於我愛看紀錄片，一次看到一段印度的訪問鏡頭：一個年輕的印度小胖子憑挨在一個木架上，記者問他在幹甚麼。年輕人說，他在按導師的指示修煉，導師要他這樣站十二年！訪問時他站了多久呢？四年。還有八年要站。記者問他覺得怎樣，年輕小胖子無奈的面容上有點迷惘，他說覺得腳很痛！

　　我想，花上十二年站立着修煉，在中國會被視為傻瓜。即使有導師提

出這要求，也不會有多少人聽從。印度人的想法跟我們就是不一樣。

　　就是因為這麼不一樣，古印度對古中國有獨特的吸引力。無論在海路或陸路，印度都是重要的文化輸出地。南亞大陸孕育出的獨特想像力和出世思想，對中國和東南亞有深遠影響。還有那些令人目眩的娛樂和表演，流布的範圍不但可以追蹤到東亞，還傳到歐洲。

　　印度是中國絲路的思想營養源頭，我們怎能不去認識這個地方？可惜現在雙方都把焦點放在歐美，兩國都不怎麼了解對方了。對於當代中國人來說，印度是一個不熟悉、不明白，也不特別想了解的地方。再加上前面講的那些負面印象，許多人連去印度旅行也諸多顧慮。才不過一百年前，中國的知識精英還很關心印度呢！

　　兩個文明古國面對西方系統的現代社會，都有自己珍惜的價值觀，也有傳統包袱。對於怎麼應對西式的現代化，也理應多點互相了解。

▲ 印度的小攤販

中印都是四千年以上不斷絕的古文明大國，兩國古代長期交往。但中國和印度的差異也極大，有些方面甚至是兩個極端：

中國	印度
·政治統一，文化擴展	·政治分裂，文化統一
·入世，重人文	·出世，重宗教，追求超驗世界
·樸實	·富想像
·最重視歷史記錄的古文明	·最不重歷史記錄的古文明
·多民族融合	·多民族並存，緩慢融合
·文字統一，語言相對統一	·語言文字不完全統一
·非等級社會：科舉選才，社會流動	·等級社會：種姓，不易流動

秦始皇是中國歷史劃時代的人物，他揭開中央集權、統一王朝的新頁面。無論官民，大一統對中國人已經成為習慣，也成為思想認同。興盛的一統王朝也有利於文化擴展。戰國時還是百花齊放，各地的器物面目不同，繁花似錦；漢朝時，則可以見到明顯的文化擴展，在香港出土的漢代東西，跟中國東北的、西北的，都有共通點。

印度呢？跟中國執着於大一統相反。印度幾乎從沒有一個古王朝能統一天下，武功顯赫的孔雀王朝阿育王、笈多王朝，以及之後的戒日王，疆土都不及全印度。莫臥兒王朝差不多統一印度，但還是征服不了南印度。英國趁莫臥兒王朝衰落時入侵印度，控制莫臥兒王朝時，印度有五六百個王國。英國在19世紀後半才算統一了南亞（葡屬印度仍有殖民地），但英國雖然控制印度，卻不是吞併了各個王國，1947年印度脫離英國獨立時，仍有三百多個王國！由於小王國多，抵禦外族入侵時，常常不能齊心。加上高山和大河的地理差異，交通阻隔，印度內部形成很多自成一體的社區。印度幾乎是以千百年計地實踐着老子所嚮往的生活：鄰國相望，雞犬相聞，人民老死不相往來。

印度也沒有秦始皇來統一文字，印地語雖然是官方語言，但在印度並

不是所有人都懂。印地語和烏爾都語可以互通，卻又用不同的寫法。印度語言文字之多，極端的說法是有四種語系，十五種官方語言，一千六百多種語言。婆羅門出身的尼赫魯認為，說印度有幾百種語言是荒謬可笑的，但他承認在印度主要使用的語言有十種。

雖然古印度在政治上幾乎從未統一，各地風俗千差萬別，語言文字也不那麼統一，卻不能說印度沒有共同的文化。

印度在民族融合上也跟中國不同。中國人好稱許中國文化同化外族的能力，印度卻是多民族並存。像二千多年前追隨阿歷山大入侵北印度的希臘人，留在印度的，已融入印度人之中。所以，印度不是不融合，而是融合得很緩慢。在印度有十幾個大民族，百多個小民族，四百多個部落，包括還處在原始狀態的部落。從前有些部落還有獵頭風俗（現在當然不容許了）。這也不必驚訝，1950 年代，中國西南山區的叢林裏，也有生活在原始社會的民族，有些也有獵頭風俗。只是按社會主義的理想，他們都「發展」了，今天跟現代人一個樣，不再以原始的狩獵或火耕方式生活。

原來的居民在南亞大陸上世世代代依傳統生活，外來的人也按自己的方式過日子。看看比較後期遷到印度的人的情況，就可以看到印度文化是怎樣容納新來者的。公元 1 世紀時，印度接納了因為宗教迫害而離開羅馬帝國的猶太人。印度的巴斯人，是公元 7 世紀波斯被阿拉伯帝國消滅後，逃到印度的波斯「拜火教徒」的後裔。他們住在印度西部，主要在古吉拉特邦，也有很多在孟買經商。他們不但保留原來的宗教，甚至曾經繼續按「拜火教」規定實行天葬。對 20 世紀流亡印度的西藏人，則分別在西南的卡納塔克邦和北面的喜馬偕爾邦讓他們建立社區。

印度數學家和歷史學家高善必（D. D. Kosambi）說：「印度沒有一個純粹的印度人種。白皮膚、藍眼睛的人和黑皮膚、黑眼睛的人一樣，都毫無疑問地是印度人。」

中國是世界上最不重視宗教的古文明，是一個重人文的社會。印度恰恰相反，那是個宗教感超重的地方，它的文化是出世的，歷代的智者千方百計追求超驗的世界。不知道和這種中國偏重入世、印度偏重出世的態度有沒有關係，中國文化是很樸實的，總想和和氣氣、腳踏實地地過日子，中國人有想像力，有重視氣韻的藝術，但是跟印度的氣氛就是不一樣；印度是滿天神佛的世界，有奇幻莫測的故事，熱鬧眩目的表演，還喜歡辯論，以及誇張，動輒就是三千大千世界和恒河沙數的數目。那些追求出世、追求超驗的人民營構出一個令人目瞪口呆的世界。

當中國人重視留取丹心照汗青，中國的史官拼命花心思、搔腦袋要以簡短的文字寫出史事時，印度卻是最不重視歷史記錄的古文明。印度的歷史書《往世書》裏，往往是故事，也沒有準確的時間。幽默的高善必說：「有很多關於印度光榮歷史的談論，不顧事實和常識，甚至比印度的選舉還自由。」

跟印度的價值觀和習慣往往南轅北轍的中國人，要想了解印度，必須有耐心、帶着包容去看待這個大不相同，又曾給予中國文明豐富營養的大地。

▲ 印度文明有濃厚的宗教色彩。

自成一國的
南亞大陸

「凡是不帶偏見的觀察家站在公正的立場以敏銳的洞察力來考察印度的時候，就會發現印度具有兩個相互對立的特點：它的多樣性與統一性。」高善必在薄而明快的名著《印度古代文化與文明史綱》裏說。

那麼多樣而又統一的印度文化是怎麼產生的？我們可以從地理去尋找印度「政治分裂，文化統一」的成因嗎？

古印度的所在地，現在為了政治正確，要改稱南亞。因為古印度的土地，在印度擺脫英國爭取獨立時，分為印度和巴基斯坦，後來又由巴基斯坦分出孟加拉。而今天巴基斯坦所在的印度河流域，是印度古文明的發源地，公元前 3000 年就有很好的城市設計，街道筆直整齊，主街寬闊，連接小巷，磚屋大而多層，還有排水系統。好玩的是遺址出土四千五百年前的瑜伽士的印章，證明瑜伽很有歷史，不是現在都市男女瘦身減肥的玩意。因此從地理去尋找古印度「政治分裂，文化統一」的成因時，要把巴基斯坦和孟加拉包括在內。

隔而不隔的大陸

　　南亞次大陸外界明晰，跟其他地方的地理界線完整清楚。如果拿一個立體世界地圖來看，明顯見到一系列的山包圍着它的東北西三方。東面有若開山，形成緬甸和印度的分界；北面有喜馬拉雅山，由南向北看，簡直像一堵陟然升起的高牆，等閒別想逾越；西面的蘇里曼山在印度河西面，今天巴基斯坦和阿富汗境內，雖然也有二三千米，但比喜馬拉雅山矮小得多了，是這片大地通往西亞的不高的門檻。

　　南亞次大陸的界線在海洋中更突出，東西南三面被大洋包圍，像個三角形突入印度洋之中，有八千米長的海岸線。東南端還有印度洋上的明珠 —— 斯里蘭卡島。它地近印度，文化相通，但又不屬於印度，長期在海路上扮演承傳印度文化的角色。

▲ 南亞次大陸像三角形插入印度洋。東北的喜馬拉雅山脈橫列高聳如屏障。
圖：Anton Balazh / shutterstock.com

南亞與外界不隔絕，但又明顯地自成一國。

它不在東西通衢大道上，而外界明晰，文明又出現得早，再經過幾千年混和發展，文化自然趨於一致。中國能形成較久遠持續的文化，也有同樣的因素，雖然中國的外界沒有古印度那麼清楚，尤其是北部。古來建萬里長城就是製造人工外界。

古印度與域外國家的交通，海路是頗頻繁的。經陸路的話，從西北面進入較為容易。古印度的外族入侵，就經常是從西北進入，阿富汗的赫拉特是重要孔道。歷史上，波斯帝國、希臘馬其頓帝國都曾經佔領印度河流域。佛教美術史經常講犍陀羅藝術，說受希臘雕塑影響，影響之源就是由希臘阿歷山大佔領犍陀羅地區而起。犍陀羅在今天巴基斯坦白沙瓦一帶。阿歷山大之後，由中亞南下的有大月氏 —— 就是被匈奴打敗而離開河西走廊的民族，也是漢武帝要聯絡以制匈奴的；他們在北印度建立了強盛的貴霜帝國，它的雄主迦膩色伽王，是第一個做佛像的人；5 世紀時，有白匈奴，入侵到旁遮普；成吉思汗西侵沒有進入印度，反倒他的對手花剌子模國的末代王子，由中亞出逃，想到印度求援兵，被蒙古軍隊追上，縱馬跳入印度河逃生；16 世紀時，有來自中亞的莫臥兒帝國，建了泰姬陵，後來幾乎統一印度。來自西亞和阿富汗的入侵者，有阿拉伯帝國、伽色尼王朝和古爾王朝。伽色尼王朝在二十六年內（1000－1026）入侵了十五次，背叛伽色尼王朝的古爾王朝甚至曾經統治到恒河平原。

要從東北面進入印度，那就不是一回事。從今天中國西面和印度的邊界來看，中國最西國界的經度（在新疆，東經 73°40'）已近於印度的西界（東經 68°09'），兩國似乎很接近，但不坐飛機的話，交通頗有困難。漢朝史書記有大頭痛山、小頭痛山，讓漢朝的使節很頭痛。古代的中國和印度淵源那麼深，但是因為地理形勢，要從中原去印度可謂千辛萬苦。

在莫臥兒開國之君入侵印度的那個世紀，來自海上的歐洲勢力開始冒頭，葡萄牙之後，荷蘭、英國逐步從海上蠶食。此前，印度一直沒有甚麼

來自海上的威脅。倒過來，是南方的印度人渡海入侵斯里蘭卡或者東南亞。

這樣的格局，使北印度不能完全自外於絲路西段的戰爭和交流大形勢。幸而印度亦不像中亞和西亞正當東西大通衢上，戰禍無日無之，因此有利於形成持續而獨特的印度文化。

通而不通的內部

南亞次大陸的內部，地形複雜多樣，交通並不容易，因此各自為政，而文化大同的同時，又千差萬別，非常多樣。大略來說，印度的北面是皚皚雪峰，雪山的融水流淌出大陸上一東一西兩條大河 —— 印度河和恒河；東面有水量豐沛的大河恒河，也有連綿的熱帶雨林。西面有大河印度河，但也有亞洲第三大的沙漠。沙漠在印度和巴基斯坦這兩個核子國家的邊境，是核試爆的地方。炎熱的南部有明顯高起的德干高原，像個立體小三角形佔着平躺的印度大三角形。在高原的北面，有溫蒂亞山橫亘，隔開中印度和南印度。雖然德干高原不算很高，但北方的帝國不易向南方擴張，與這樣的地勢也有一定關係。試想一下如果蒙古高原出現在中國東部，中國的發展又會是怎樣的面目呢？

新聞裏經常聽到印度和斯里蘭卡發生水災。我去斯里蘭卡後兩三個月，那裏就發大水淹了半個國家。印度和斯里蘭卡受季候風影響，雨季有風暴和大雨。同一個地方，卻又可能在雨季來臨前，要熬過旱季，缺水成災。像 2016 年 5 月印度中部才經歷大旱災，8 月就變成大水災。另一個水災重災區是東部的孟加拉，它位於幾大河匯聚的三角洲，地勢平坦，經常河流泛濫。降雨之外，雪山的融水也是問題，對印度來說，融雪的水既是生命之源，也是災害之由。印度神話裏把住在雪山的大神濕婆視為創造之神，同時又是毀滅之神。常任俠認為這是因為祂是雪山之神，代表了雪山融水又滋養又破壞的性質。祂跳起舞時，大地就會毀滅。

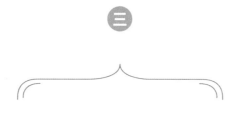

關於古印度的
絲路之問

對印度，我還有兩個未明的絲路之問，一個是陸路的，一個是海路的。

跟現在許多人的印象相反，印度並不窮。以物產計，它的土地肥沃，海洋富饒，礦產豐富，珍寶亦多，高山上出產珍貴木材，胡椒香料大量出口。古印度的王國可以非常富有，現在印度上層精英的生活，也讓人羨慕。但是控制陸上絲綢之路的大貿易國不是印度，而是波斯或阿拉伯，甚至是草原遊牧國，而用力經營的商人則多來自中亞。經中亞向中國輸出了那麼多思想的印度，不是絲路的控制者，也不是絲路的最大獲利者。為甚麼？

打開地圖一看，你或許會想到一個簡捷的答案：陸上絲路東來西往，但印度並不在東西交通的通衢大道上，要去印度，就要特意折向南行。

對陸上絲路，我們可以這麼想。但海上絲路呢？以印度在印度洋的位置，東來西往印度洋，印度是必經之地！對海洋貿易來說，地理位置這個

簡捷的答案似乎太簡捷了。海上絲路必停印度，為甚麼主宰海上絲路的大貿易國仍然不是印度呢？

我想，這裏面還應該有更多原因，除了地理位置，還要從歷史、文化入手去看。

最近幾百年，印度吃了歐洲海軍大國的虧，受歐西衝擊的現代印度知識分子，對印度與印度洋的關係已經重視起來了。

▼ 印度西南部城市特里蘇爾陣容鼎盛的祭典，以象群巡行為高潮。
　圖：Keralatourism.org

一切都是表象：
印度文明濃重的宗教味

要說印度文明的最大特徵，不能不講到印度的出世文化和宗教的巨大影響力。跟中國之放輕宗教完全相反，印度的宗教感很重。

時髦的非印度城市人當瑜伽是減肥的運動，但在印度，瑜伽卻是通向精神世界、通向解脫的身心修煉。瑜伽要配合冥想，是冥想之前的鍛煉，而印度哲人講的瑜伽，更遠過於此。

《薄伽梵歌》說「瑜伽的境界是脫離感官活動的境界。」

《薄伽梵歌》要求用瑜伽控制感官，「感官受到控制，他的智慧堅定不移。」

梵我一如和天人合一

為甚麼要練瑜伽，要冥想，要修煉，要脫離感官活動？

在印度漫長的宗教追求裏，後來發展出追求梵我一如的境界。梵我一

如的思想與中國的天人合一好像相似，但在體認的實踐上又截然不同。

梵是絕對的實在，長存，不朽，永恆不變，是終極的平和快樂。《薄伽梵歌》說「梵是不滅的至高存在」，祂的永恆本性叫做 adhyatma（自我，靈性）。

這個永恆本性也在每個人之中。人可以透過認識自己內在的靈性（阿特曼，atman），與終極存在的梵合一。

印度世世代代的精英在宗教上耗用智力，發展出各種各樣修煉的方法，以達到梵我一如的目標。研究南亞的尚會鵬說「飽學的梵學者哲學家探究梵與阿特曼（atman）的關係中，發展了大套極深奧、思辨性很強的哲學、神學思想」。

所以冥想、瑜伽，甚至苦行，在印度很受重視。佛陀未成道之前，也曾經到林裏苦修冥想了六年，每天只吃很少東西，瘦得皮包骨。像我看的紀錄片裏那個準備站十二年的年輕小胖子，也是在作苦行。一般人未必作苦行，但印度人總是想修煉靈性。印度教徒的理想一生，分為四個時期，後兩個時期是五十歲以後的林居期和七十五歲以後的出家期，當完成了壯年的事業和家庭責任之後，就歸隱修煉靈性。

為甚麼要想盡辦法跟梵合一呢？

莊周夢蝴蝶是莊子一個著名的比喻：夢中變成蝴蝶的莊子醒來後，提出一個很重要的問題：到底蝴蝶是真的還是眼前的莊周是真的呢？這是叩問存在的真象的一道題。印度文化也有這深奧的思考，而且層次更多。結論是我們面前短暫常變的物質世界不是真象，只是由梵展現出來的。

如果不與梵合一，有情萬物就要世世代代投胎轉世，受輪迴之苦。輪迴是認為人死後靈魂會轉到新的身體，是甚麼身體，因應死者今世的行為心念而決定。只有認識終極存在的梵，才能夠擺脫輪迴。輪迴思想是印度宗教的特色，佛教相信輪迴，印度教、耆那教亦相信，15 世紀發展出來的錫克教也相信。

印度有一篇著名的對話，叫做《薄伽梵歌》，來自一首著名的史詩，解說人世責任、輪迴和梵的關係。《薄伽梵歌》意譯的話，是《世尊之歌》。

話說主角阿周那（Arjuna）武藝高強，屬於剎帝利（帝王、武士）種姓。這個種姓的職責就是管理和作戰，但阿周那處於無法履行職責的困境。他和親兄弟想要取回應有的土地去管理，但是從小一起長大的同宗兄弟所屬的剎帝利家族正在掌權，並且百般阻撓。阿周那要跟同宗兄弟的家族作戰，但兩陣對圓時，他見到對手的陣中有許多情同骨肉的親友，還有教會他武藝的師傅。他不想骨肉相殘，更不想殺害師傅。

《薄伽梵歌》裏的對話就是情緒低落的阿周那跟他的戰車夫奎師那（Krishna，黑天）的對答。戰車夫是宇宙靈魂「我」的化身，他解答阿周那因為不想骨肉相殘，不想殺害師傅，不想受惡業而生的困惑。

戰車夫勸他：採取必要的行動是應該的。如果拒絕行動，恐怕生命也難以維持。履行賦予你的責任吧！如果用奉獻的態度來從事，不管結果，哪怕殺了親友和師傅，都不會成為惡業。靈魂是永恒的，身體是暫時的。一切都是梵的安排，你只是工具，千萬不要以為自己是活動成果的原因。

因此阿周那應該沉着地履行責任，不執着於成敗。具備智慧瑜伽的人，能擺脫善行和惡行。

孔子說「智者不惑」，戰車夫則對阿周那說：「瑜伽行者不會迷惑，因此無論何時，都要修習瑜伽。」

《薄伽梵歌》在印度影響很大，甘地說它是可以激起宗教熱情的書。甘地激起聲勢浩大的反英獨立運動，是以《薄伽梵歌》為號角的。

滿天神佛只是表象

滿天神佛是中國的俗語，搞到中國滿天神佛的源頭在印度。印度神話裏，神多得不得了。源自印度的佛教也告訴中國人，在不同時空，各有不

同的佛，因此佛教的名勝石窟，常常叫千佛洞，牆上也常常雕繪千佛。千佛各有名號，不是同一個佛，千佛旁邊往往有榜題，各各寫上不同名號。至於現在的印度教，光是主神就有三個：濕婆、毗濕奴、梵天。乍看，印度的諸多神話和各方神聖，好像跟梵無關。

我在印度旅行時，對於印度的滿天神佛，卻有一個新體會。在印度的古石窟裏，例如在埃洛拉石窟 16 窟，面對着巨大的濕婆神像，或者在象島石窟面對着濕婆、毗濕奴、梵天三頭像，印度人沒有朝拜，只是靜看。然後他們到另一間小室裏，我於是也跟着去。小室裏徒有四壁，但有林伽（lingam），是濕婆的象徵。據說林伽有宇宙之力，濕婆若踩在林伽上，力量大很多，有些濕婆雕塑就是踩着林伽的。小室中的林伽上面散落着花，我見到印度人對林伽行禮。外地人會認為林伽是生殖器，印度人是在搞生殖崇拜，但印度人肯定另有一套，而且說得玄之又玄。總之，印度人禮拜濕婆神的象徵，不是禮拜濕婆像這件事，令我開始對印度教的滿天神佛重新思考，它似乎跟中國的滿天神佛不同。

▲ 林伽是濕婆的象徵，據說有宇宙之力。

《薄伽梵歌》裏，至高之主說「眾天神和眾大仙，不知道我的來源，因為我是所有天神和大仙的本源」。又說，渴望事業成功的人，在世上祭祀天神，因為在人類世界，行動迅速產生成果。受物質欲望影響智慧的人，受自己的原則限制，去崇拜某個形體。人撫養眾神，眾神也撫養人，就這樣互相撫養。人想去崇拜某個神，梵會讓他堅定信念，讓他全心全意奉獻給特定的神，實現各種欲望。實際上，這些好處全是得益於梵。這些智力薄弱的人雖然有所得，但所得有限。梵是眾神和聖哲者之源。崇拜天神的人，走向天神；梵的奉獻者，最終會走向梵，達到梵我合一。

即是說，濕婆、毗濕奴、梵天以至各種神，其實都是梵的變化，所以印度的神可以極多，也極多元。明白這一點，才能撥開滿天神佛的雲霧，明白各教各神都是梵的顯示形式，只有跟終極實在結合，亦即梵我一如，才是真正的解脫之道。

但怎樣到達梵我一如的境界呢？梵既沒有屬性，沒有形式；像老子說的：「道可道，非常道」，無法用語言表達，凡人的經驗亦理解不到。梵只有通過冥想來悟證到。「所謂瑜伽，就是擺脫痛苦束縛」，是淨化自己，制伏感官的方法，是通向梵的手段，而不是一種瘦身減肥運動。「思想平靜，激情止息，純潔無邪，與梵合一，至高無上的幸福就會走向這樣的瑜伽行者」，這是《薄伽梵歌》的教導。

中國的天人合一是理念，「天行健，君子以自強不息」，儒家更多精神還是在人世，沒有強調一大套達到天人合一的修煉方法。而印度呢？愛好鑽研超自然力量的印度人走得很遠。研究印度的尚會鵬說：「與其他宗教中的超自然力量相比，梵似乎超自然『超』得更徹底。」

塑造印度人價值觀的故事

要了解印度，除了梵和滿天神佛的關係，還要知道塑造印度人價值觀

的兩首詩。

印度兩大史詩《羅摩衍拿》和《摩訶婆羅多》，裏面有英雄，有戰爭，有許多奇幻的故事，既合一般人聽奇情故事的脾胃，也激發青少年的想像和好奇。但它們都不止是文學，史詩裏包含了許多印度的宗教元素。

兩大史詩有很多普及的版本，後世有很多衍生的作品。雖然印度各地有不同語言，自古以來識字教育也不算普及，但透過用各地方言譯寫，由後人演繹，印度民眾對兩大史詩的故事耳熟能詳，連文盲也通曉各個神明的傳統。兩大史詩塑造了印度民眾的價值觀。這有點像中國的戲曲，透過深入鄉村的戲曲演唱，塑造了中國民眾的忠孝節義思想。

少年甘地就讀過後人譯寫的《羅摩衍那》，說它是靈修文學中最偉大的。文學而有靈修的性質，可見印度的文學在傳播宗教思想上的作用。而甘地作為政治人物，宗教感情之超然和濃厚，也是世界少有的。

在印度跟從梵文大家以吟唱背誦的方法學了很多印度經典的金克木說：如果說中國是文以載道，印度史詩可以說是以詩傳法。

兩大史詩之一的《羅摩衍拿》，意譯是羅摩的歷險，總的就是既英俊又好武功，而且道德高尚的王子羅摩的各種冒險故事。其中最大的冒險經歷，就是跟在斯里蘭卡的魔王作戰，救回被劫的妻子。這個故事中國人聽來比較親切，因為裏面有一隻來自猴國的神猴。雖然神猴只是配角，但牠有跨越大洋的能力，於是跨到斯里蘭卡找到魔王。神猴跟我們的孫悟空同樣搗蛋，當魔王囚禁牠，點火燒牠的尾巴的時候，牠衝破囚籠，衝過全島，把整個斯里蘭卡島都燒着了。

羅摩不僅是一個冒險的大英雄，他在印度還有獨特的地位。他統治其間，是印度最公正最理想的時候，所以羅摩代表了聖王之治。甘地被刺一刻，口中最後念誦的，就是「羅摩，羅摩」。如果硬要對比，可以說羅摩在印度的理想形象，就像是堯舜在中國政治上的地位。更超過堯舜的，是羅

摩後來被說成是神，是毗濕奴的化身。作為神的羅摩，以持斧為形象，也有很多故事，在印度東北和西南都有關於羅摩染紅河流、退大海的傳說。

　　至於另一大史詩《摩訶婆羅多》，是兩個同宗的帝王種姓爭持的故事，十八天的戰爭，把許多國家都捲入其中。這史詩裏除了有許多戰爭描寫，許多英雄人物，還有許多插話、神話和故事，以至於印度的「法」的觀念，法和非法的衝突：例如「法」規定供養祖宗和傳宗接代是義務。

　　這一部史詩可說是當時的知識總匯。而在其中單獨抽出阿周那和戰車夫的宗教哲學對話，就是極有名的《薄伽梵歌》。

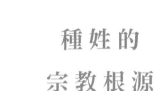

賤民博士生的哀歌

　　賤民問題，一直是種姓制度為現代社會所詬病的焦點。

　　2016 年印度一個二十六歲的博士生 Rohith Vemula 在校園自殺死亡。他屬於賤民階級，參加了為賤民爭取權利的 Ambedkar（阿姆貝伽爾）學生會，是活躍成員。因為該會涉及一次衝突，遭人投訴，他被趕出宿舍，而且停發獎學金，於是以死抗議。

　　我們不明白博士和賤民（或稱不可接觸者）的關係，在我們崇拜學銜的社會裏，博士、賤民似乎是不可能放在一起的。

　　據說印度政府已訂定法律保護賤民，但由賤民博士生之死，顯然社會還遠遠未實踐到保護賤民的精神。Rohith Vemula 曾經諷刺地說：學校這樣侮辱我們，倒不如在入學時給我們毒藥好了。

曾致力反抗的 Rohith Vemula 愛讀詩，愛科學，想當科普作家。雖然他的作家夢隨人而逝，但他的遺書是一個有思想的人的幽幽哀嘆。

「我愛科學，愛天文，愛自然，後來卻愛上人。」我想這是他主修社會學的原因。諷刺的是他研究人類社會，卻死於印度的種姓社會制度。「誰料到人原來早已遠離自然。要愛而不受傷害，一點不容易」，「人的價值已經減到成為他的身份和前途。成為一個數目，一張選票，而不是當作有思想的人來看待。」

「我死了比活着快樂」，「沒有人要為我的自殺負責，沒有人唆使我。這是我的決定，我是唯一的責任人。我離去後請不要為此事而煩擾我的朋友或敵人。」雖然如此，貧苦生活的壓力令他念念不忘被校方扣除的錢，「讀這信的人能為我做的，是幫我的家庭取回被扣的七個月獎學金」。

Rohith Vemula 未必接受他的苦難是前生的惡報，他說「我不相信死後世界，不相信鬼魂，或者靈魂。如果要信，我相信我會去到其他星球，認識另一個世界。」

寫遺書此刻，「我不傷痛，亦不愁苦，只是空虛。」「可能我對愛、痛苦、生命、死亡的理解全是錯的。本來並不迫切，我卻總是匆促，渴望開展生命。生命本是詛咒，我出生就是我的致命意外。我從未曾從童年的孤獨中復原過來。」

好一句「我出生就是我的致命意外」，或者自殺者總會這樣想，但怎能比出諸賤民階層者之口更有說服力，更令人惆悵？看看世界各地曾有歧視隔離政策的人的話，原來真有人相信被歧視者卑賤低劣，並沒有人的感情，形如禽獸。

一封有感情的遺書具證其非。

此刻，還有多少個對生命充滿期盼的賤民孩子的空虛心靈，在承受孤獨？每一動這念，就使人不由激動。

然而經過許多印度政治家、社會運動家努力改革，為甚麼賤民階級仍然存在呢？

反對種姓的思潮

　　由婆羅門教到印度教，賤民階級存在於印度，已多少個千年？二千五百年前，佛陀反對婆羅門教的種姓制度。佛教提倡人皆有佛性、人皆可以成佛，不是無的放矢的。

　　15 世紀鄭和船隊下西洋時，在印度南部的東西海岸，所見的也是一個種姓社會。據鄭和的隨員馬歡所記，當時的種姓社會，實行社會隔離制度。在西南印度的柯枝國，賤民都要住在海濱，簷不過三尺，高者有罪；他們在路上遇到種姓比自己高的人，要伏在路旁，等別人走過，才起來繼續走路。服飾上也有區分，高種姓的，有些會「剃頭掛線在頸者」，亦即斜掛一條聖線，表示他們除了肉體出生，還有精神上的再生。至於賤民，則不許帶珠寶，不許穿鞋，不許打傘，甚至衣服不能高過肚臍，亦不能長過膝，婦女也不例外。

　　除了出身第二高種姓的佛陀曾經反對種姓，近代歐洲思想傳入印度，也使賤民階層起而反對種姓制度，並得到部分婆羅門等其他階層支持。出身賤民的阿姆貝伽爾（Ambedkar，1891 – 1956）是英國殖民時代賤民抗議

▲ 阿旃陀石窟著名的持蓮菩薩，身上斜掛一線。

運動的首領。印度獨立後，他成為首任法律部長。

賤民本來沒有機會受教育，在英國殖民時代，他們爭取到受教育的權利，但法律是一回事，社會上怎麼執行是另一回事。賤民學生被要求坐到課室外面，或者另外的座位。阿姆貝伽爾回憶少時讀書，凡賤民都要隔離而坐在麻包袋上，放學時要把那麻包袋拿回家；在學校不能碰水瓶，要喝水必須別人給他倒。在這種環境裏，試問有幾多賤民兒童仍能堅持及喜愛上學？

阿姆貝伽爾成績極好，屢屢打破紀錄，成為第一個進入精英高中、大學的賤民。一個喜歡他的婆羅門老師，甚至在學校記錄中，用自己高貴的姓 Ambedkar 代替了他的原姓 Ambavadekar，讓他少受點歧視。後來阿姆貝伽爾到英美讀經濟和法律，得博士。即使這樣，他當了教授，其他教授也拒絕與他共用水瓶。

印度憲法是禁止歧視賤民的，但顯然社會的習見比法律更有力。而賤民的反抗亦沒有停止，有些受階級壓迫的學說啟發，自稱賤民馬克思主義者；有些改信其他宗教，因為非印度教徒沒有種姓的分別，賤民的思想領袖阿姆貝伽爾最後與數以十萬計的追隨信眾皈依佛教。有人說，印度佛教已經成為賤民的宗教。

種姓制度為甚麼能在印度教這個有那麼多奇幻故事、有那麼多深邃思想的宗教下存在？公元前就寫成的《摩奴法典》是專門討論「法」的印度古經典，它根據種姓制度和輪迴觀念，說明各種姓的地位和行為規範，尤其是婆羅門的。所以這本書可說是種姓運作手冊。作者譯名摩奴，他不是奴，摩奴在印度是人類始祖的名稱，另一個人類始祖的名字，中國人聽來耳熟，是閻羅。

阿姆貝伽爾曾經焚燒《摩奴法典》，以示反對種姓制度。英國自號先進文明，而它管治印度時，雖然曾經想破除種姓，但最後並沒有改變這種社

會不公的現象。相反，英國人採用以夷制夷的政策，把《摩奴法典》譯為英文，並成為英國制訂印度法律的參考。英國的法律與印度鄉村的種姓長老裁判是有碰撞，但殖民政府顯然不想因為破除種姓制度，動搖了自己。

種姓究竟是甚麼

種姓（Varna，本義是「色」）是婆羅門教—印度教的觀念，它的神學思想根源是輪迴思想。下世投胎轉生成為甚麼，由前生的行為所決定。為善的就得到好報，為惡的就受懲罰。這聽起來很公平，是不是？那你要先肯定輪迴，以及肯定輪迴投胎的機制確實以善惡為升降的標準。要我們這些非印度教徒去同意，未免有點困難；同理，虔誠的印度教徒要去否定它，也需要勇敢和開放的胸襟。

印度的種姓制度分為四級，由上而下是婆羅門（祭司）、剎帝利（武士、國王）、吠舍（工商業者）、首陀羅（匠人）。

這劃分有經典根據。婆羅門教是雅利安人的宗教，雅利安人的經典是吠陀經，其中《梨俱吠陀》第十卷第九十首詩的頌（金克木譯）：

「當他們分解布盧沙（人）時，

將他分成了多少塊？

他的嘴是甚麼？他的兩臂，

他的兩腿，他的兩足叫甚麼？

婆羅門是他的嘴，　　　　（主持祭祀者）

兩臂成為羅闍尼耶，　　　（武士和國家管理者）

他的兩腿就是吠舍，　　　（工商業者）

從兩足生出首陀羅。」　　（工匠和奴隸）

婆羅門最受尊敬，因為他們與神最接近，只有他們可以研究和傳授吠陀知識。這跟中國在春秋戰國時的知識下放，不再由貴族壟斷，孔子提倡有教無類，是兩個方向。

在四種姓裏面，頭三種屬於再生種姓，可以行再生禮，再生是指人除了肉體的出生之外，還有精神上的出生。再生禮的舉行年齡，愈在種姓上層的愈早，婆羅門八歲行禮。行過再生禮，老師會給予再生標誌 —— 聖線供佩戴，也就是鄭和隨員所見的「掛線在頸」者。

賤民不屬於這四種種姓之內，他們被視為神捨棄的人，不能入廟，不能學習吠陀知識，所以賤民的出生本身就被視為罪惡。他們當世受苦，被視為是贖罪、淨化的過程，可以減少與神的距離。要求廢除賤民制度的人，例如甘地，稱他們為「哈里真」，意思是上帝之子，以表示他們不是被神捨棄。

現代的印度教徒裏，以第四等的首陀羅最多，佔近一半。婆羅門、剎帝利、吠舍各自都不超過 5%。賤民人數次於首陀羅，接近兩成。

前文提過賤民在學校裏要喝水都不能自己倒。這也有神學思想的根源，就是婆羅門教—印度教裏的潔與不潔觀念。

超脫輪迴，達到梵我一如，是印度教徒追求的理想。尚會鵬說：「印度教徒以各種階位以及潔與不潔的觀念，量度人與梵的距離。」

根據輪迴觀念，高種姓的人經過歷世修行，然後生在與梵比較接近的階層裏，因此他們不想被污染，令他們與梵的距離增加。

不潔可以經過接觸傳染，其中婚姻與飲食是最關緊要的。

不同種姓基本上不通婚。《摩奴法典》裏就規定了結婚的守則。跟低種姓結婚是禁止的，可以被開除出種姓。女的絕不能嫁低種姓的人，男的則可以娶低種姓的女子，但他的子女可能會變成低種姓，即使能保持高種姓，也會成為該種姓裏的另一支亞種姓。像南印度喀拉拉邦的婆羅門和剎

帝利人數少，沒有吠舍，因此婆羅門常有娶低種姓的女子，但生下的子女，按習俗，不是由父親養而由舅父養，這種子女有許多被虐待。

高種姓也不與低種姓一起吃東西，有時甚至賤民看過、影子掠過的食物，也算受污染，要倒掉。而尤其在意的，是水的污染。水跟火不同，水既可以潔淨，但也可以傳播不淨，所以高種姓的人絕不要賤民碰到他喝的水。甘地就多次描述過印度教徒對水的執着：在印度東北的比哈爾邦，不接觸賤民的制度很嚴格，甘地住到一個律師的家裏，律師不在家。屋裏的傭人因為不知道甘地的種姓，所以他們在水井打水的時候，不許甘地去汲水，怕他桶裏滴下來的水玷污他們。

種姓高低跟貧富和職位不必是一回事。在現代社會，不少賤民透過個人努力，或成為大企業家，或做到高官，甚至總理。而他們家裏僱的傭人，可以是個婆羅門。長期研究印度種姓的學者尚會鵬就親聞過一個賤民部長家裏所僱的婆羅門工人，可以做各種家務，但賤民部長要水，婆羅門工人不肯給他。

在怕受污染的心理下，於是有許多禁忌。當然，不接觸是最簡單的方法，但完全不接觸又不可能，於是又發展出一大套受污染之後的淨化方法。

有些中國人愛說「百無禁忌」，以擺脫繁文縟節，看來有悠久傳統的古國能夠百無禁忌，確實是種福氣。

印度的種姓制度，究竟是怎麼產生的呢？這是不少學者深感興趣的問題。但研究出來，人言人殊，有各種說法：婆羅門教和吠陀經是雅利安人的宗教和經典，而雅利安人是入侵者，所以很容易就認為種姓與種族有關，是膚色較白的雅利安征服者壓迫被征服的皮膚較黑的印度原住民，但印度南方有些黑皮膚的人，種姓很高。那是不是職業的因素呢？例如做污穢的工作像屠宰、捕魚、理髮洗衣、製皮革、搬屍體，就會屬於低種姓；但是同一種職業，在不同地方可以屬於不同種姓，以至是賤民的，而每個

地方亦不一定有齊全四種種姓。宗教因素有時也摻雜在裏面,吃素的種姓往往高於吃肉的;同樣是祭神,供應花果的高於供肉的種姓。結論就是,種姓制度的起源還未有定論。

種姓制度怎麼運作

印度社會深受種姓影響,衣食住行婚喪嫁娶都要考慮種姓。

外人是很難理解印度教徒怎麼判斷別人屬於甚麼種姓的。事實上,印度還不光有四個種姓,而是四個種姓之下還各有亞種姓(Jati)。同一個種姓之下的這些亞種姓,彼此也有高低。因應社會變化,亞種姓還可以不斷發展。估計印度有上萬個亞種姓。由於中間種姓劃分模糊,常常起爭執。不但高種姓壓迫低種姓,低種姓甚至賤民之間,也有互相歧視的。

看姓名是判斷種姓的一條線索,但實際上還要結合新相識者的職業,以至來自甚麼地方、家族情況等背景知識,因為各地的情況不全同,如果不了解地方性的文化知識,也很容易猜錯。有些婆羅門對血統、世系非常敏感,以至能背誦複雜的家譜。

過去,印度分成很多小王國,各地之間交通又不便,傳統的社會以鄉村為主,種姓制度容易持續。不同種姓的人在村裏從事不同的世襲職業,在對外交通不便的鄉村社區裏,各種不同職業的人彼此互相需要,低種姓的為高種姓的工作,也需要高種姓的服務,例如祭神時需要懂得祭祀的婆羅門。各個種姓在鄉村裏分區居住,賤民不能進婆羅門的地方,婆羅門也不應該進賤民住的區域。由於互相都清楚背景,人口大規模流動又不多,種姓社會比較牢固。鄉村裏還有種姓會議,跟污穢種姓接觸會受罰。會議由長老做裁判,這些長老大多數是高種姓的人。

種姓制度在印度各地並不一樣,有些地方嚴,有些地方寬。雖然種姓制度可能和雅利安人有關,而雅利安人是由北方入來的征服者,但北方的

種姓制度不一定比南方嚴。另外，不同地方的印度教徒也有分別，斯里蘭卡或東南亞等地的印度教徒對種姓就不太嚴。

在現代，社會變化急，人員流動大，工種時有盛衰，種姓與貧富和職位高低難有對應的關係，因此種姓更多是禮儀性質的。職位一樣的兩個同事，來自不同種姓，禮儀身份可以完全不同。下班之後，衣食住行不同，結交來往的人也不同，如果堅守不受污染的規則，談婚論嫁更主要在自己的種姓內尋找對象，因此他們各有社交圈子，並不相屬。交通發達了，聯絡方便了，並沒有削弱了種姓制度，反而有助分散各地的同種姓的人聯繫起來，使同階層的種姓網絡更為擴展。社會變化了，新的工種湧現，於是也會出現新的亞種姓。這些情況都顯示出種姓制度的適應能力。

由於種姓思想深入印度人的精神深處，哪怕研究種姓的局外人，也會感嘆種姓制度不易取消，甚至懷疑是否可能取消。

有時我想，以輪迴為根本的種姓制度，種種細節也是逐漸發展出來的，不一定雷打不動。肯定輪迴不一定要肯定種姓，像佛教就是相信輪迴，但反對種姓的，這無損於它的印度性格。佛教當年在印度也曾經大行其道，後來才衰落。因此印度並不是只有一種可能性，印度人還是可以決定自己的社會的。退一步來說，即使肯定種姓，也不一定要諸多禁忌，以低種姓者的聲音身影為不潔。能夠擺脫潔與不潔的條條框框，種姓制度就算不取消，也可以減低這個制度對低種姓者的壓迫吧？

現代印度的挑戰

新觀念：民族和民主

英屬印度帝國的時間並不長，從建立到印度獨立，不足一百年。但歐洲從海上逐步滲入印度的時間，則只比鄭和船隊去印度晚幾十年；由建立據點到逐步蠶食到全面殖民，經過五百年時間，跟明清兩朝差不多長；在 18 世紀，蠶食加緊，形成鯨吞的勢態，也有二百年。無可否認，這段殖民的歷史會改變印度。

許多人最簡單直接的想法就是：殖民才令印度統一，否則印度還從未成為一個國家。但我對這種簡單的答案並不那麼認同，也不認為這是最重要的問題。印度無疑是邦國林立的大地，但古希臘不也是邦國林立嗎？為甚麼我們又不去懷疑它是否一個國家？古希臘各邦的文化甚至大相逕庭呢！像雅典叫做民主，斯巴達卻是奴隸制，我在希臘的博物館細看說明，

才知道斯巴達甚至像金朝對付蒙古高原的臣服民族那樣，定期派人去減丁，將淪為奴隸的民族的優秀青年殺掉。

我所知的改變，是殖民令印度人重新思考，它是怎麼輸掉印度洋，又怎麼輸掉印度大陸的。殖民也輸入了好些新觀念：像國家、民族和民主等等，西歐都有一套新說法，現代印度的建立也受這些新思潮的影響，這使本來複雜的印度更複雜。殖民前的印度精英跟殖民後的印度精英，心理狀態未必相同，思考方法也會有異。雖然由甘地的不合作運動可見，印度傳統價值觀在民眾中是牢固的，但這也是很自然的情況，中國不也是這樣嗎？

印度本來邦國林立，語言紛繁，民族眾多。民族眾多這一點，恐怕任何有悠久歷史的古國都一樣，只有島國如日本，才會強調自己民族少，甚至強自宣稱為單一民族。

民族並不是一成不變的，會變化，會消逝，也會誕生，像回族就是多來源的，在蒙古西侵之後才在中國形成。但在近世歐洲一民族一國家的觀念底下，自古就多元多樣的印度也要應對。其實來自歐西的民族國家的想法，主要是基於歐洲的經驗來想像的理念，與中印等歷史長、民族多的國家，情況並不一樣。獨立後的印度政府並不承認印度有許多民族，認為經過歷史上長期的融合發展，再加上擺脫英國殖民時波瀾壯闊的民族獨立運動，已經使印度的民族界限模糊，印度已經是一個民族，只是有種族、宗教、語言的差別。這當然是一個應對歐洲話語霸權、避免分裂的講法，中國的中華民族大概也是差不多的產物吧！只是中國民族雖然多，但統一的時間長，文字又被秦始皇齊一了，所以中華民族的觀念比較容易接受。

印度擺脫殖民時，要借助復興文化傳統等手段，來達到增加文化自信、喚醒民族意識的作用。如前所述，印度古來的文化傳統有特濃的宗教味道，文化之根深植於婆羅門教—印度教之中，於是提倡傳統，不免引起

非印度教徒的猜疑。像甘地提倡非暴力不合作運動，就說過非暴力不合作這個詞是印度的，用任何非印度的語言來翻譯，都表達不到其中的意蘊。甘地雖然不是宗教家，但他的宗教感情很濃，看他的生平，幾乎要想到佛教那些捨身餵老虎的本生故事。他雖然留學英國，但是融歐洲觀念於他的苦行僧式行動中，所以他能成功帶領大批民眾去反殖，那些飽讀西書的精英改革家反而做不到。甘地引宗教語言入政治，有人說他兩者都沒有玷污，非常不容易，但也有人批評他此舉是疏離其他宗教。苦行僧的甘地在艱難時期去復興印度人的文化自信，也受批評，後來的政治家來提倡，有沒有機心，是不是純粹的文化運動，自然就更受質疑了。印度總理莫迪做一邦之長時，已有偏袒印度教徒的嫌疑，他提倡全國做瑜伽，就引來不少反對。別忘了瑜伽也是通向印度教理想的手段，而不是一項單純的運動，連初級入門的拜日式，也充滿了宗教感情呢！

印度現在是世界上人口最多的一人一票式民主國家。印度的民主之路，也要應付不同於歐美的許多狀況。比如印度的社會發展極為多元，甚

▲ 瑜伽本是一種宗教修煉。　圖：網上圖片 / CC0 1.0

至還有原始部落；種姓又多；宗教教派林立，衝突問題嚴重。印度的政黨也多，不斷分裂，大黨會分裂，小黨也分裂，現在有上百個政黨。這樣多元而內聚力少的社會，怎樣用一人一票來建立共同目標呢？在民主議會制度下，當參政者拉票的時候，各自依傍不同的圈子，誓言爭取他們的權益，結果可能是加強了小圈子意識。印度火車擠迫，旱澇天災頻生，很需要發展基礎建設，但搞基礎建設的人遇到不少困難。其中一個困難，是地方政府經費不足，要靠私人公司參與，但透明度低。而計算着選票的地方政客，往往以代民請命的姿態出現，指責私人公司牟利。

自古以來，中國和印度就走着不同的路，各有各的好，也各有各的難。在現代化的旗幟下，都忙於融西洋入本土，各自碰碰磕磕，尋找穩定而幸福的路。

舊糾結：教派衝突

印度的教派衝突，是大家關心的問題。最矚目當然是印度教徒和伊斯蘭教徒的衝突，但是印度教徒和錫克教徒，以至印度教內的派系衝突也不容忽視。

印度教本來只有一神，就是梵，印度教徒的目標都一樣，只是進路不同，各人以符合自己性向的方法來進修，來找上師追隨而已。印度教因而亦分成不同教派，例如毗濕奴派、濕婆派等，然後又按各自門派的上師細分成不同派別。在宗教上精進的印度人，歷來發展出各門各派的學說和修法，因此派別林立。印度有辯經的傳統，大家據理力辯，辯不過人，就整體歸信對方。這本來是消解分歧的好做法，但是這個制度仍然阻止不了執着於一門一派之見的平常信徒。

伊斯蘭教徒和印度教徒的分歧，比起印度教內的差異，當然更大了。伊斯蘭教在印度北部是征服者的宗教，亦曾經發生搗毀印度教廟宇，

殺印度教徒的衝突。這些舊恨，仍在製造新仇，像北方邦的阿約迪亞（Ayodhya），兩教教徒在 1990 年代就曾發生衝突。因為羅摩（Rama）是印度教徒心中的聖王和英雄。而根據印度史詩《羅摩衍拿》的描寫，大家傳說羅摩出生在阿約迪亞，於是印度教徒搗毀有幾百年歷史的伯布里清真寺（Babri Masjid），說它正建在羅摩出生的地點上。

但是我們也不必過份強調兩教的宗教仇恨。伊斯蘭教徒出現在古印度和斯里蘭卡，並不完全是武力征服的結果，亦有由海路進入印度做生意，以及印度本地人改宗的。印度沿岸海貿發達，繁榮富庶，早在阿拉伯帝國時，就有不少伊斯蘭教徒到來定居做生意，他們不限於阿拉伯人，也有改宗伊斯蘭教的其他族屬。鄭和船隊到達西南印度沿海的大港口時，那些富甲一方的王國，是以伊斯蘭教徒為管治左右手的。而且他們關係融洽，國王和這些大頭目約定，伊斯蘭教徒不要吃牛，印度教徒不要吃豬，互相禁忌，和平相處。至於印度本地人改信伊斯蘭教的，人數亦不少，在孟加拉主要是由印度人改宗。尤其伊斯蘭教主張教內平等，對低種姓的印度人來說，還是有吸引力的。

兩教已經經過上千年的相處。印度教雖然廣納百川，滿天神佛，但未能讓伊斯蘭教變得印度化（雖然伊斯蘭教的蘇菲教派有可能是在古印度的地域內產生的）。另一方面，北方民族的入侵，似乎也沒有令印度教變得不那麼印度。證諸歷史，印度教和伊斯蘭教的教徒未嘗不可以和平相處，但無可否認，兩教的信仰價值觀和生活習慣，亦有尚未協調的地方。伊斯蘭教是一神教，萬物非主，唯有安拉真神，而且嚴格禁止拜偶像，戒律清淨得連畫人像也犯禁，清真寺裏沒有任何神像人像。印度教雖然實質上是一神教，以梵為一，但是梵演化成各種神，一般印度教徒的表現就是拜偶像，信多神的。印度教徒以牛為神聖，伊斯蘭教徒卻不吃豬，以牛羊為主食。伊斯蘭教徒根據教規，要講究清潔，不免視衛生一般的印度教徒社區

為污穢。而印度教徒對潔和不潔，又有另一套觀念。1920 年代，甘地乘火車在印度旅行時，被塞到沒有車頂的貨車車廂裏，太陽在頭頂直曬，車廂裏的乘客都喉乾舌燥，但正統的印度教徒還是不喝伊斯蘭教徒給他的水，只喝印度教徒給的水。如此種種，遇上心胸比較狹隘的人時，不免時常有些零星衝突。

兩教衝突最厲害是在殖民時代，尤其是 1890 年代起。最後印度爭取獨立時，伊斯蘭教徒領袖要另行立國，於是印巴分治。在兩國劃界的過程中，難民盈野，死人以數十萬計。

恢復羅摩的聖王治世，重振植根於傳統的國族文化，建立獨立自主的國家，在印度教徒聽來，就像中國人說要恢復堯舜之治，重振中華文化傳統，建立獨立自主的國家。但是印度的伊斯蘭教徒聽來，卻擔心那個重振傳統文化的國家等於印度教國家。在這方面，印度的路比中國難走.

印度之洋

鄭和有知我們無知的海洋

　　常常說「鄭和下西洋」，這個詞已經成了一個固定詞語。到底鄭和下的是甚麼西洋？我從前讀的歷史，其實講得很虛無。鄭和他們自己呢？原來是很清楚的！

　　跟他一起下西洋的隨員馬歡說：在蘇門答剌向西的南浡里國，國的西北海內有一個大平頂峻山，叫做帽山。這個山之西是大海，正是西洋，洋名是「那沒黎洋」。西來過洋船隻收帆，都望此山為準。

　　這個過了印尼蘇門答臘島西北的山今天叫做韋島，這就是西洋的東界。而鄭和七次下西洋，最遠去到東非。按此來看，西洋不就是印度洋嗎？所以鄭和七下西洋，就是去了七次印度洋。

　　印度洋屬於世界三大洋之一，相信沒有人未聽過，似乎很熟悉，但是

對印度洋，我們恐怕是地圖上的熟悉，對這個大洋的了解，我們就未必及得上六百年前的鄭和了。

在淚珠形的斯里蘭卡最南部海邊，有一個世界文化遺產 —— 迦勒堡（Galle）。16 世紀由葡萄牙人興建，後來荷蘭、英國人也用作據點。斯里蘭卡南部除了城堡，還有連綿的沙灘石灘，可以游泳、滑浪，很多歐美人來度假曬太陽。在這一片歐風浸染的地區，我沒想到會遇上鄭和。

我在迦勒堡閒逛，進了當地的海事博物館。在接近赤道的炎熱地區，博物館沒有空調，陳設略為簡陋，藏品不多，但是有波斯和唐宋明清的瓷器。漫看之間，我忽然見到一塊鄭和的布施錫蘭山佛寺碑。碑文清楚寫着永樂七年（1409 年）、鄭和，以及錫蘭山。當年是鄭和第三次下西洋。那時候沒有迦勒堡，因為葡萄牙人約一百年後才登陸斯里蘭卡。

鄭和的一個隨員費信，記下鄭和與石碑的事，「永樂七年，皇上命正

▲ 世界文化遺產迦勒堡是葡萄牙人的據點。圖為迦勒堡的大門。

使太監鄭和等齎捧詔敕、金銀供器、彩妝、織金寶幡，布施於寺，及建石碑以崇皇圖之治，賞賜國王頭目。」但是當時的錫蘭王，要趁鄭和離船到首都時謀害他們。鄭和是明成祖的親信，有領兵的經驗。他和隨員察覺到危險後，深機密策，暗設兵器，三令五申，使眾銜枚疾走，在半夜，信炮一聲，奮勇殺入，生擒了錫蘭王。兩年後回國時，帶到北京。明成祖讓他歸國。

滄海桑田，1911 年一個英國工程師在迦勒堡外面做工程，在一條下水道之類的管道裏發現這塊碑。

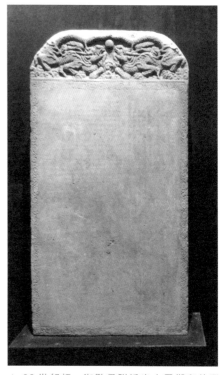

▲ 20 世紀初，迦勒堡附近出土了鄭和的石碑。迦勒堡只展出複製品，原件已運到斯里蘭卡的首都可倫坡的博物館。

鄭和七次下西洋，但在外地還未發現多少實物。這塊碑是重要的物證。原碑現在放到首都可倫坡的博物館，迦勒堡放的是複製品。中國捐了一個罩以保護原碑。這碑有趣之處，是刻了三種文字。除了中文，還有波斯文和泰米爾文。後兩種文字我當然看不懂，中文的意思則是大明皇帝向佛寺布施財物，頌揚佛祖保護航海安全。中國領事館也提供了泰米爾文和波斯文的中文說明，原來是分別向印度教神毗濕奴和伊斯蘭教真主安拉頌揚和敬獻。所謂「見人講人話，見鬼講鬼話」，這真是純然外交家的手段。

想深一層，明朝為甚麼選這三種語文來立碑，更引人入勝。

用中文立碑，對中國人理所當然，但是當地人有幾個能看得懂呢？

用波斯文，理當是為波斯人，但是波斯先後亡於阿拉伯帝國和蒙古伊

兒汗國，這時伊朗高原正由帖木兒帝國統治。這三個帝國都是信伊斯蘭教的，給真主安拉的話，應該寫阿拉伯文吧？何況斯里蘭卡一直是佛教國家，伊斯蘭教徒遠少於佛教徒，鄭和使團是跟誰用波斯語搞外交呢？

用泰米爾語也有些奇怪，當地的王是僧伽羅人，說的應該不是印度南部的泰米爾語。斯里蘭卡古佛經用巴利文，今天則用僧伽羅語。鄭和為甚麼在碑上刻泰米爾文呢？我們對斯里蘭卡泰米爾人的印象，大抵來自當地十幾年前的內戰，造反者就是泰米爾游擊隊。泰米爾人比僧伽羅人來得晚，他們信印度教，碑文既然說頌揚印度教神，自當用泰米爾人的語言。

可是，三種語文都不是給當地的僧伽羅王看的話，錫蘭之王又怎麼會讓你立碑呢？這些謎團真夠喜歡看歷史的人搔破腦袋。不過，人世的事從來不是後人所想那麼理所當然。迦勒堡海事博物館裏又有一塊 12 世紀由錫蘭王立的碑，談航海法，用的是泰米爾文！對我們這些初到貴境的人，這些語文之謎真是一個接一個，陸續有來。

鄭和這塊碑很規整，應該是出航前在中國刻的，迢迢遠運到斯里蘭卡。估計當時中國官方對南印度和西亞的情況有相當了解，才作這語文上的選擇。

鄭和碑的另一個謎，是為甚麼會立在迦勒港口的佛寺。由始至終，迦勒並不是斯里蘭卡唯一港口，亦未必是最繁華的港口。鄭和的碑為甚麼要立在這裏呢？

這麼重要的文物，早年有向達，近年有南京學者劉迎勝研究過。讀他們的研究，對了解謎團多了一些線索，但距離解開，言之尚早。

印度洋上的小小一滴淚，已足以讓學者忙透。海上絲綢之路的民族、宗教、文化歷史，對今日的中國人，真是一片汪洋大海。我們和鄭和差得太遠了。

◀ 泰米爾孩子。泰米爾人由印度遷到斯里蘭卡晚於僧伽羅人，兩族長期爭勝。英國人統治斯里蘭卡後，大量引入泰米爾人，開發種茶。　圖：陸咏笑

大尼科巴島：守着馬六甲海峽西口

　　對來往中國和印度洋的航海者來說，馬六甲海峽絕對是扼守要道。從古至今，它的重要性從未減低。前有三佛齊、後有馬六甲、今有新加坡，都是憑着位於馬六甲海峽東口的優越位置，而得以立足。

　　但馬六甲海峽西口的位置，也不能忽視。

　　鄭和的船隊過了那標誌西洋開始的「帽山」，遇上順風，航行三天，會見到翠蘭嶼。這個島的名字很美麗，但令它聞名遐邇的不是醉人景色，而是居民不穿衣服。

　　翠蘭嶼即大尼科巴島，當年的人又稱它為裸形國。鄭和的隨員都寫到它：翠藍山在海中，有三四座山，其中一個最大。那裏的人，還處在巢居穴處的階段，男女都身無寸縷，像獸畜那樣。土地也不長米，只食山芋、

波羅蜜、芭蕉之類，或者捕魚蝦等而食。當地有傳說：如果有寸布在身，即生爛瘡。

大尼科巴島今天仍生活着處於原始社會階段的部落。島上也開發旅遊，但是禁止去原始部落的區域。不過，文明世界的遊客最愛向人炫耀去過禁止進入的地方。2012年，就鬧出過遊客以食物引誘部落民跳舞的新聞，刊在英國的報紙上。

鄭和以及航海的人歷來留意這個島，並不是因為有原始部落居住，而是它的戰略位置。你想想，離開了鄭和等人認為是印度洋東界的「帽山」，就經過翠蘭嶼（大尼科巴島），它守着馬六甲海峽西口，當然很有價值。大尼科巴島是安達曼—尼科巴群島的南面大島，北面的島群已經伸展到緬甸西面的安達曼海。這列群島今天屬於誰呢？不屬於較近的緬甸或孟加拉，而屬於較遠的印度。這是因為印度獨立，英屬印度帝國解體，但群島劃歸誰，仍然由英國人決定。當時緬甸也屬於英屬印度帝國所轄，而英國決定印巴分治，於是產生了當時叫做東巴基斯坦的孟加拉。印、緬、孟加拉都來爭這島，甚至屬於英聯邦的澳洲也有興趣。最後是印度首任總理尼赫魯勝利。

印度爭取這些無人居住，或只有原始部落居住的島，當然不是着眼經濟，所以向來不許外國投資到這列群島。但是2016年初，印度卻跟日本商談於島上小規模投資基建。報道印度和日本談投資的《紐約時報》記者嗅出這一次合作的政治味道，認為是印度與日本、澳洲、美國靠近，牽制中國涉入印度洋的舉措，因為馬六甲海峽是中國海上能源運輸的命脈。

世界愈來愈小，天堂離我們也愈來愈遠。希望像畫家高更那樣，離世隱居於大洋中的小島天堂，過清靜快樂的日子嗎？世界上還有多少可以隱居的海島呢？位在太平洋中間位置，又可以住人的夏威夷，當孫中山去那裏讀書的時候，仍不是美國一個州呢！就因為戰略價值，惹得好些國家都

來爭。最後美國蠶食佔得，夏威夷女王只能把自己關在王宮裏抗議。

島的價值，在平民和軍事家眼中，是兩回事。二戰時美國反攻日本，也是在太平洋上向北逐個島進攻的，中途島因此赫赫有名。想當年，日軍也曾經以橫掃東南亞之勢，佔領安達曼—尼科巴群島，當時英屬印度和日本是敵人呢！

西南印度的重要港口

鄭和船隊到過古印度沿岸不少港口，離岸的島亦有記載。航海圖上有不少地名，包括我們今天仍會聽到的孟加拉的吉大港，以至珊瑚島馬爾代夫。

但我最想向大家介紹印度西南的港口。因為鄭和在這裏去世，葡萄牙的達伽馬在這裏登陸，這是偶然，也不是偶然，這巧合顯示出印度西南港口的重要性。事實上，這些港口自古就是海貿大港，與巴比倫、埃及、波斯、阿拉伯半島，甚至羅馬，都有來往。

我們都知道印度西海岸有孟買，是印度第一大港。孟買是英國殖民印度之後才大盛的。在印度那倒三角形的下面尖尖，向西的一小塊地方，今天叫喀拉拉（Kerala）邦，那裏有好幾個開發早、名聲甚大的港口。傳說埃及女性用喀拉拉邦的香料來塗髮，做木乃伊也要用。巴比倫人也早就來這裏經商。這裏除了有好港口，還有重要物產。前面講過印度那插入印度洋的三角形上，有同樣是三角形的德干高原，佔着印度大半個南部。高原地勢是西高東低，因此，在印度西南的喀拉拉邦是背靠高山的，山中出產珍貴木材，例如紫檀，農地上培植胡椒、豆蔻等香料。胡椒是重要的香料，原產地就在喀拉拉邦的山裏。鄭和船隊當年來到，採購胡椒也是必辦的項目。今天喀拉拉邦仍是世界主要的胡椒產地。叫做「胡」椒，自然不是出自中國，但胡椒已經深深滲入中國人的生活裏了。想想我們家裏，不都有胡椒粉嗎？中國人說開門七件事是柴米油鹽醬醋茶，很明顯，柴已經過時

了，如果要列出新的開門七件事，我想胡椒粉也有力做一個候選者。

喀拉拉邦出產這些物資，又有港口，因此十分富庶。更令人驚訝的，是喀拉拉邦不光是做生意的地方，它的文化水平也很高，完好保存梵文、古印度醫學、瑜伽經典。有圖書館朋友問，這個地方是不是自古有圖書館？我瞎猜：沒有，因為印度人的學問，是以其他方法傳承的。問一個熟悉印度的朋友，他也說沒有呢。

喀拉拉邦的著名港口，首選古里和柯枝。

古里今天叫做科澤科德（Kozhikoda 或 Calicut），柯枝叫柯枝或者類似的音譯（Kochi）。兩地相距不過二百公里。在鄭和的時代，古里更為重要，當時號稱西洋大國。鄭和七下西洋，第一次最遠去到古里，以後六次，每次都停靠古里。早在宋、元，這裏就是中國船在印度洋的樞紐。如此名港，中葡兩國大航海家鄭和和達伽馬，一個在這裏去世，一個在這裏

▼ 喀拉拉邦的女神慶典裏，民眾抬着盛飾的馬匹像巡遊。
圖：Keralatourism.org

登陸，豈是偶然呢！

至於在古里南面的柯枝，也是一個天然良港，可以停大船。歐洲人稱它為阿拉伯海的皇后，葡萄牙人很看重它。

據記載，鄭和曾經按旨，在柯枝封當地國王，賜印，又在山上立碑，碑文在《明史》裏有記載，但這個碑還未發現實物。

住在葡萄牙、研究中葡關係的金國平，在歐洲的幾種文獻裏，找到柯枝碑的蛛絲馬跡，還涉及到古里和柯枝的爭執。話說鄭和之後幾十年，葡萄牙人來到西印度，當時古里王已經改信伊斯蘭教。葡萄牙是天主教國家，天主教跟伊斯蘭教在西亞是老對手。於是當葡萄牙人跟柯枝王結盟，古里王不高興，發兵打敗柯枝，搶走了石碑。這石碑對柯枝王很珍貴，據後來的民間傳說，多年來柯枝王登位，要先摸石碑，大概是證明王權合法性的禮儀。1536 年，葡萄牙軍攻打古里，攻陷王宮，得到柯枝的石碑，以及一個有蛇的金屬牌，那是古里王視為宗教物品來敬拜的。葡人將碑和牌交給柯枝王，他十分珍惜。

這個石碑，估計就是鄭和立的碑。至於有蛇的金屬牌，研究者猜，會不會是鄭和賜柯枝王的印呢？那蛇會不會是龍呢？不過，喀拉拉邦的居民據說可能是那伽（意為大蛇）族，向來有拜蛇的風俗。所以也不好說定就是個中國的印，只是它跟石碑一起受到崇拜，也不能排除是明代封印的可能性。如果當地人拜蛇，明朝做個蛇紐印，也合情合理。明朝官員對印度西南的風俗可能並不陌生。

距離二百公里，就有古里和柯枝兩個大港，分別有兩個王，而且有利益分歧，自然就被外人利用，製造矛盾了。

古里和柯枝這種富庶小邦，國王都富可敵國，但是可能並不醉心管治和商貿，而更用心於宗教。據鄭和的隨員馬歡所記載，兩個國王都造像建廟，每天一大早就在廟裏打井水拜神，古里國人更叫人用牛糞和水塗抹廟

▲ 這種捕魚裝置在印度稱為中國漁網，見於柯枝和更南的海岸。有說是鄭和傳入的。
圖：Keralatourism.org

▲ 柯枝的海港　圖：Keralatourism.org

宇牆壁。這兩個貿易大港住了不少伊斯蘭教徒，而且社會地位很高，僅次於王族。古里國王當時仍然信印度教，但是任用兩個伊斯蘭教徒為大頭目，似乎頗為倚重，為了維持關係，寧願兩家約定互不吃豬牛。跟鄭和船隊做貿易，都是這兩個大頭目來主持。

明朝跟這些南印度富庶小邦，關係頗為密切，除了在柯枝賜印立碑，在古里也有立碑，還可能設有官廠。鄭和船隊在馬六甲附近是設有官廠的。官廠裏有倉庫，外面有欄柵，四面有更鼓樓，晚上有人巡邏。分派出去的各小支船隊完成任務後可以匯聚在官廠，把貨物和錢財都放到倉庫裏，等到風向對了，就開船回中國。鄭和的航海圖上，古里附近沒有官廠，但是根據多種歐洲的文獻資料，卻記中國人在那裏有大房子，房子外面有大欄柵，當地人叫中國人城堡。鄭和船隊不光是外交出使，還會做生意，在印度以中國的貨物，換購當地的珍寶和香料。生意不是一天做完，總得一兩個月工夫。

這官廠是甚麼性質呢？是個貿易站、辦事處嗎？鄭和船多，人也不少，據說有兩三萬。這些人的身份可堪玩味，如果全是軍事人員，那對到訪地的威脅未免太大。鄭和一行人有戰鬥力，不為開戰也要應付海盜，那麼官廠會不會有點海軍基地的性質呢？但他的船隊性質不同今天的軍艦。船隊會不會帶上商人呢？像現代那些大國元首作外交訪問，帶着大堆本國商人同去，一於以國力扶商。唐朝時中國商人已經在波斯灣設過倉庫，但他們只是民間商人，鄭和卻是官方正式代表，他們的貿易是官商身份，抑或是以國家之力扶商呢？這些謎，現在還答不到。

印度洋上的印度

回頭考慮一開始提的疑問：以印度和斯里蘭卡在印度洋的位置，印度洋為甚麼不是印度的世界？

這個問題，不少印度反殖精英認為提法不對，他們從歷史的角度審視，反對說印度人沒有冒險入海的精神。印度南方有很多善航海的居民，印度居民也曾經勇闖大海，開闢天地。尼赫魯說，他們多是向東航行到東南亞，說印度有很多入海取寶物的故事，其實就是到東南亞。我記起佛經確實有入海取寶的故事，例如講恒河流域的波羅奈國王子善友太子入海取寶。而中國史籍上，也流傳一個印度來客的故事：由印度乘船來的王子，箭法厲害，他到達今天柬埔寨所在的地方，當地的女王柳葉率眾抵抗，不敵，與王子結婚，開始了強大的扶南王朝。高棉國和梵文也有差不多的故事，只是女王神化為半神人的公主。

1950 年印度駐中國大使 K. M. Panikkar 是個學者型外交家，曾駐聯合國、埃及和法國，他提出印度一直控制海上貿易，在印度東南的朱羅王朝亦十分強大，沒有甚麼海上強權可以挑戰，直到 13 世紀中期朱羅王朝衰落，才由阿拉伯人繼起。而阿拉伯人也只是商人，沒有國家和國策支撐，所以葡萄牙人到古里之前，印度洋上並沒有海洋強權出現。

於是，古代勇於入海的印度人，在近代就被海上來的歐洲海上強權入侵了。要解釋印度為甚麼沒有發展成海洋大國，跟解釋中國為甚麼沒發展成海洋大國一樣，最容易想到的答案，自然是古印度的威脅主要來自陸路，來自西北；葡萄牙人之後，才有海上而來的入侵，所以古印度人一直把精力放在防衛北方。這當然說得通。如果你天天都要為前門拒虎而打起精神，確實難以留意後門來了狼。還有，反殖精英還進一步怪責從陸路入侵印度的外族沒有海洋意識，K. M. Panikkar 寫的《印度和印度洋》，就認為中亞來的侵略者忽視海防，他們的史觀也掌控了印度史。作為中國人，我看這個理由也跟我們埋怨滿清誤了中國很相似。

K. M. Panikkar 還檢視印度那條長長的海岸線，比較伊朗、阿拉伯半島和東非的沿海形勢，認為印度是最受制於印度洋的國家，因為印度三面

被印度洋包圍，而沿海人口多、物產豐富，容易
招致入侵。非洲國家只有一面面對印度洋，阿拉
伯半島國家以及伊朗只有南面朝向印度洋，兼且
朝着印度洋的地方多沙漠，少有外敵能夠佔據。
加上波斯灣和紅海都有狹窄的入口，可作保護，
印度卻是敞開面對印度洋。

　　然而除了這些宏觀的政治和地理視野，我想
印度的政治結構和社會文化也加劇了情況。想想
15 世紀時印度西南的海港，一個港口就是一國，
這種小國林立的情況，不利於合力對抗外敵，而
容易被逐個擊破。甘地和尼赫魯都感嘆過，面對
外敵，印度人不是不勇敢，也打過很多勝仗，但
是無論在北面對抗陸上入侵者，還是在南面對抗
海上入侵者，敵人都是用各個擊破的戰略取勝。
甘地和尼赫魯都認為，英國沒有費多少兵力，就
鯨吞了印度，這是他們的椎心之痛。雖然，小國
林立不是失敗的唯一原因，反思中國的中央集權，對抗歐洲人入侵也沒有
成功。

　　另外，印度自古以來，主力放在宗教上的追求。這種向內向上的宗教
文化氣氛，也影響了印度向外擴展的動力。印度西南海岸自古以來就海貿
發達，地緣上也是經營向西海貿的有利位置，但在這裏努力經營的商人，
似乎主要是外地來的客商，像巴比倫人、波斯人、阿拉伯人等等，在鄭和
隨員的記載裏，也可以見到伊斯蘭教徒才是管理人的跡象。

　　總之，經過殖民一役的慘痛教訓，印度在印度洋扮演甚麼角色，已是
印度精英關心的問題，也影響他們力圖改變古來的取態。

▲ 斯里蘭卡往南就是印度洋，直到南極。

　　話又說回來，人類都說想世界和平，那麼重視精神層面的成就，不全力向外擴張，是不應該視為缺點的。而我們也不必太着眼於印度洋沒有變成印度表演的舞台，因為古時那裏也不叫印度洋。鄭和的隨員馬歡說，過了馬六甲海峽，那地方番名是「那沒黎洋」。這那沒黎是甚麼洋，是甚麼文，範圍是不是等於今天的印度洋呢？我不知道。總之，洋名並不是印度之洋就是了吧。印度洋之名，大概也是歐洲殖民者起的，表明他們多麼重視印度。

八

體驗筆記：印度和斯里蘭卡

● ● ● ● ● ● ● ● ● ● ● ● ● ● ● ● ● ● ● ●

鑿山為廟的宗教熱情：埃洛拉第 16 窟

印度的宗教熱情是驚人的，傾注在累世修行上，也傾注在宏偉的宗教建築上。

德干高原上的埃洛拉石窟（Erolla）有三十多個洞窟，綿延兩公里長。其中第 16 窟是 8 世紀一座鑿石山而成的濕婆神廟。

說它是石窟，你可能想到一個山洞，像雲崗、龍門、敦煌石窟的那種山洞。沒錯，印度是山洞石窟的源頭，但是埃洛拉第 16 窟是不同常規的。它有三十多米闊，五十米深；有四層高。它不是一個山洞，它是把一個玄武岩山體從上到下刻鑿出一間廟 —— 一間宏偉的廟。

這間廟有闊大的門牆。入了廟，三面山崖包圍出一個庭院，兩側豎立紀念石柱；庭院中間是主體建築。繞着主建築的外圍，有圓雕，像戲劇性的多臂魔王搖撼凱拉薩山；有大型浮雕，刻上《摩訶婆羅多》和《羅摩衍拿》兩部印度史詩。主體建築由石台抬起。拾級而上，先有雕為兩層的配殿，上層用石橋和主殿連接。主殿裏面有大殿堂，幾人抱的大石柱成列，劃出

埃洛拉石窟著名的第 16 窟，從山岩中雕鑿出完整的印度教廟宇，工程浩大。

不同的空間。大殿的石壁和大石柱都磨得平滑，上面雕出細緻的花紋，從前可能還有壁畫。

　　我輕撫那平滑的石壁，光是想一下，這麼巨大的殿堂，在沒有電力的時代，怎樣拿錘、鑿、墼，以至打磨工具，用人手一點一點敲鑿平，就夠令人吐舌。如果用力重一點，鑿深了，敲壞了，怎麼補救？這廟是從一個山體中，直接用減法做出來的啊！印度人做廟宇的工程規劃能力真是非同小可。

　　這個石窟可以同時容納成千上百的人在其中遊逛。遊人毫無置身石窟山洞的感受，以為就是一座石壘的廟宇。

　　兩邊包圍着庭院的山崖，才留下山的感覺。山崖中間挖出一條通道，牆上雕刻各種神話故事，還經過一些小室。著名的舞蹈濕婆大石雕在一側

山崖的最深處，我為了尋找這石雕，即使是幽秘的角落，也探頭一看，不時驚擾了一群蝙蝠。

我去過因為阿斯旺水庫而搬遷的埃及拉美西斯二世神廟。神廟年份約當商末周初，從歷史之早，足以睥睨來者。神廟本身也確實是傑作，粗線陰刻的壁上圖像，力量渾厚而秀美。埃洛拉第 16 窟約當唐朝時，比拉美西斯二世的神廟晚二千年，但規模大了以十倍計，以規模去抵時間，埃洛拉石窟還是不輸於古埃及。

登上第 16 窟的後山，遠看綠油油一片田疇平野，主殿高聳眼前，你對這個石窟廟的巨大工程，會有更深的體會。

充滿想像的印度神話

在德干高原上，有兩大著名石窟，都列入世界文化遺產。一個是佛教的阿旃陀，一個是印度教為主的埃洛拉。埃洛拉亦有少量佛教和耆那教洞窟。

剛欣賞完壁畫精美的阿旃陀，佛教藝術的細膩、寧謐還在心頭，埃洛拉的印度教雕刻卻動如旋風，讓我看得眼花繚亂。

分別代表保護和毀滅的印度教兩大主神毗濕奴（Vishnu）和濕婆（Shiva），在埃洛拉雕刻裏大發神威，而那些大幅度的動作，表達的是想像力豐富得近於瘋狂的故事和畫面。

一幅比人高的大型浮雕是人獅和魔王戰鬥。雙方雖然不是三頭，卻都是不止六臂。打作一團時，兩腰如蛇軀擺動，十幾條臂膊作車輪旋轉，整個畫面虎虎生風。

人獅是毗濕奴的化身。故事是這樣的：魔王為了獲得不死之軀，曾進行嚴厲的苦行，感動得創造之神梵天（Brahma）出現。梵天賜祂甘露恢復健康，並問祂需要什麼祝福。魔王說要不死。梵天說這願望違背宇宙法

則，無法賜予。於是魔王要求梵天讓他不在白天死，不在黑夜死；不在屋內死，不在屋外死；不在天上死，不在地上死；不被人殺死，不被神殺死，不被任何武器殺死。梵天承諾了。

毗濕奴殺了魔王的兄弟，魔王心生怨恨。祂的兒子卻崇拜毗濕奴。魔王要殺兒子，嘲諷地問：「你崇拜的神在哪裏？」兒子說：「無處不在。」魔王大笑說：「在這宮殿的柱子裏嗎？如果是，叫祂出來吧！」突然一聲巨響，震動諸天，裂開的柱子中，走出獅頭人身的怪物。人獅和魔王決鬥，一直鬥到黃昏，魔王力盡被擒。人獅坐在宮殿的門下，把魔王放在膝蓋上，用指甲殺了魔王。

梵天的祝福沒被違背。

這時不是白天，也不是黑夜，而是黃昏。不在屋外，也不在屋內，而在門下。不在天上，也不在地下，而在膝上。沒被神殺，也沒被人殺，是被人獅所殺。不被武器，而是被指甲所殺。

天神捉字蝨!? 很活潑的一個民間故事，一本正經辦事的毗濕奴十足是個大頑童。

在著名的埃洛拉第 16 窟，非常深入的角落處，有巨大的濕婆之舞。同樣是多臂扭腰，這一次只雕一人。愛跳舞的大神濕婆，身體扭動已達到人體極限。祂上身對着觀眾，下身卻扭得見到後臀，多臂的肩膊一高一低，赤腳的兩腿雖然大部分殘毀，但可以想像祂是如何曲膝邁開大步。濕婆是如此沉醉地舞動，祂半閉着眼，有如冥想入了神。

優美，有力。堅硬的石頭卻雕成柔韌的身體。

濕婆跳舞這刻，卻是世界毀滅時。祂的舞步震動世界，直至摧毀、再生。濕婆跳的是宇宙之舞，祂是毀滅之神和創造之神。

濕婆的動能實在冠絕印度神話，經常大發脾氣，在祂的角度，是大發神威。祂出於誤會，砍了自己兒子的頭，發現後就隨手拿個東西給兒子安

濕婆大神正在跳舞，身軀劇烈扭動，伸張多臂，全神投入。大神的舞蹈會令世界毀滅。

上，搞得兒子變成象頭神。創世的梵天也受過祂的暴力對待，梵天有四個頭，就是曼谷的四面佛，在神話故事裏，祂本來有五個頭，被濕婆砍了一個！要知道梵天也是神力無窮的，祂睡了又醒，醒了又睡，醒時生出宇宙，睡時宇宙毀滅，中間相隔以億年計，是為一劫。

印度神話反映的就是印度人的世界、印度人的宇宙觀。如果你慣了中國文化的樸實，恐怕會受不了印度式的奔放。佛教在中國人來看已經夠幻想高強了，佛教藝術比起印度教藝術來，卻只算文雅閒靜，淡定大方。

大受南亞影響的吳哥窟

東南亞是中國和印度兩大文明交匯的地方，在宗教和文化藝術上，東南亞本土居民可能更受印度影響。

印度人早年曾經飄洋過海，在東南亞不少地方建立殖民地。尼赫魯說，很多東南亞地名具有印度地名的影子，像新加坡。印度人在東南亞的柬埔寨也建立過殖民地，現在的柬埔寨舊名真臘，尼赫魯說，源自喀布爾河流域的真臘。

柬埔寨著名古跡吳哥城和吳哥窟，是古代當地的王國與南亞緊密關係的明證。

吳哥王國是以大型水利工程見稱的。那兒河湖眾多，每逢雨季河湖泛濫，洪澇之禍無年無之。雖然有高腳屋和著名的浮稻，但是如果沒有水利工程，那裏就養不活許多人口，也成不了繁榮的王國，造不出吳哥窟。研究人員利用現代科技，高空調查吳哥的水利系統，那規模和技術成就令人驚嘆。

斯里蘭卡也是一個洪澇之患嚴重的地方，古代也有大型水利工程，曾成就過繁榮的王國，我們去斯里蘭卡舊都所見的湖，不少是人工湖，是古代水利工程的遺跡。斯里蘭卡被稱為小印度，雖然從未屬於古印度，卻與

古印度在人種和文化上有千絲萬縷的關係。遊覽吳哥王國與斯里蘭卡，略知兩地的古代水利工程，我沒法不把兩者聯想起來。

水利的關係我弄不懂。吳哥城和吳哥窟大受印度文化藝術東傳所影響，卻是明擺着的。

印度有一個活潑有趣得有點滑稽的神話——攪拌乳海，在古印度大型雕刻藝術上沒有怎麼表現，卻在柬埔寨的吳哥窟大大表現了一番。

吳哥王國的吳哥城，有護城河圍繞。護城河四面有大橋，通到城裏。橋欄雕成真人大的善惡神，各成一列，奮力拉着大蛇；橋欄的盡頭則雕成昂起蛇頭。這些形象來自印度的攪拌乳海故事。

故事說在世界的軸心須彌山四周，有乳海，深藏着可以長生不死的甘露。神人受了咀咒，為惡魔阿修羅打敗。於是神人與惡魔和談，相約一同攪拌乳海，然後均分甘露。祂們以須彌山為攪棒，以巨蛇為繩，一起攪拌。毗濕奴化身為神龜，在海底承托攪棒。但巨蛇被拉扯得太痛了，吐出

大吳哥城門前的善神惡神拉扯巨蛇，源自印度的攪拌乳海神話。

斯里蘭卡第二大古都的巍峨建築，時在 11 至 14 世紀。這個王朝開鑿宏大的水利工程。

足以污染乳海的毒液。神人向濕婆求救，濕婆於是吸下毒液，但祂的妻子雪山神女緊扼着祂的喉頭，不讓祂吞下，不過濕婆的喉嚨仍受毒液影響，變成青色。經過一番攪拌，乳海出現許多新生命和寶物，最後甘露終於產生。雙方立即為搶奪甘露而大打出手，為免甘露被惡魔得到，毗濕奴變出美麗的仙女，迷惑惡魔。惡魔都只顧看，忘記了甘露。神人於是把甘露搶過來喝了。有一個清醒一點的惡魔變成神人的模樣，偷得一份，正喝進口裏，還未吞下。日月神看得清清楚楚，立即通知毗濕奴，毗濕奴於是砍下這惡魔的頭。而神人最後亦打敗了惡魔。

這個故事的大型雕塑還出現在吳哥窟的一面牆上。雖然吳哥窟的雕刻造型不及印度，但乳海翻騰，水族湧現，仙女和寶物飄飛，還是十分壯觀的。

印度有那麼多千奇百怪的神話故事，為甚麼吳哥王國那麼重視攪拌乳海這個神話呢？旅遊介紹從來沒有解說。沒有一個大背景作支撐，這些神話就會變成無中生有，雜亂無稽。

如果你去吳哥窟，沒耐性聽這些奇奇怪怪的神話，那麼請你想想印度。印度的狂想跟中國的樸實確實大有分別，但嘗試理解天花亂墜的印度式想像，就會欣賞到這些狂想故事的趣味，印度之為亞洲童話王國，影響及於歐洲，可不是浪得虛名的。腳踏實地的古代中國人，也曾經為這個截然不同的世界而驚嘆，生出熱情騰飛的動力呢！

在印度我行賄了

報紙說印度人受夠了貪污行徑，做了一個「我行賄了」的網頁，舉報自己的行賄經歷，這創意舉動惹得中國人也想仿效。

我舉報，我在印度的阿旃陀（Ajanta）石窟行賄了。

阿旃陀是印度的名勝，位處德干高原。這高原佔着南印度的中間位置，從沿海的任何大城市去，都要相當的旅程。

我們從孟買去，坐飛機轉火車轉汽車。

我的幾個旅伴是到印度旅行一個月的，所以行李大而重，幸好導遊安排了行李生抬下火車，用手推車送出車站。然後導遊說，汽車在不遠的地方，但是先要過一條橋，上高落低，全是台階，我們最好出錢僱人搬行李。他已經找來幾個苦力，一人搬一件，每件十盧比。朋友裏有見過世面的，不同意，怕苦力拿着行李跑掉了，他年紀大，追不到，說要一個人搬兩件。

成交之後，我們嚇呆了，苦力不用手提，而是發揮頂上功夫。我的行李事小，朋友的行李，一件都近三十公斤。那最高大的苦力，把兩件共五六十公斤的行李放到頭頂。雖然他纏了頭巾，那重量恐怕仍然壓得他頂上痛。他一步一腳印，拾級到橋上，我們則拿着照相機，像新聞記者那樣狂拍照。到了橋中，那兩件行李壓得他脖子都短了，只見他微微喘氣，步履緩慢，似有撐不住的跡象。他屏氣凝神，專注前望，摸着扶手，慢慢挪

動，終於下了橋，再走幾十步，到了車前。

我們驚佩之餘，朋友在應付的行李費上，加付十盧比。這個年已四十的中年漢，得了三十盧比，就靜靜地回去再尋下一個主顧了。三十盧比是多少錢？不過是港幣三塊多！他們賺了這錢，我恐怕還不夠用來治頸椎的毛病。不過印度人有頭頂重物的能耐，或許他們有醫治秘方。

到了阿旃陀，我們把那二十多個佛教洞窟，翻來覆去看了兩天。阿旃陀在西漢已有營造洞窟，時代早、成就高，雖然洞窟數目比敦煌少得多，但無愧於世界文化遺產的資格。這麼重要的地方，洞窟原汁原味，沒有加門上鎖，所以每個主要洞窟都有看窟人。

一個中心塔柱窟的看窟人看我流連甚久，就給我介紹後壁的石刻，還把射燈略移角度，讓我拍到效果好得多的人像。在另一個重要的壁畫石窟，觀眾走掉之後，看窟人見我還在磨蹭，索性關了門，打起導賞用的手電讓我看畫。洞窟是容許拍照的，但有手電照着，光線當然好得多。這些早到魏晉南北朝的壁畫，仍然金碧輝煌，手電大概對它沒大傷害，而洞裏也有控制濕度和溫度的設施。可是在最暗的角落，我那笨蛋照相機就是不讓拍，看窟人說用閃光燈吧。我咬咬牙……，唉。

這一切不是免費的。有些看窟人暗示你隨意給些小費；有些守重要洞窟的，乾脆開價五十盧比，連他的拍檔也另要一份。

參觀出來和朋友會合，大家都有同類經驗。精於攝影的朋友說：看窟人叫我用閃光燈，我們是搞文物工作的，一定不能幹這種事。

這些看窟人，應該是公務員吧？我們都向公務人員行賄了。

我不心痛那一百幾十盧比，只是愧疚於有一份好工作的小當權者輕易就拿了五十盧比，而那些以脖子的筋力去吃飯的人，捨命而拿的錢竟然少於此數。

那晚住在獨立小屋，年輕朋友嫌不夠乾淨，給小廝一百盧比，叫他擦

淨全屋的地板。那小廝哪怕被支使得暈頭轉向，還是拼了命給她服務。一百盧比啊。你的十塊錢港幣，是他的天降富貴。

接下來在埃洛拉石窟，我們又磨了三天，沒有行賄。一方面那裏沒有要行賄才獲得的好處，另方面，我不值富者愈富，不想再做製造貧富差距的參與者。不過，決心是要受考驗的。第三天，我逛得沒精力了，乾脆在最後一個洞窟的石台上睡大覺。這時好心的看窟人示意可以進入神龕，我一看，原來裏面有大幅精美壁畫。看完之後，跟我後面進來的西班牙男子說聲多謝就走掉了，我見看窟人並沒有索錢的表示，於是把手頭的幾個水果全送了給他。看窟人眼神裏的笑意，讓我自我感覺良好：我沒賄賂，我們這叫做文化交流呢！

火車上的印度人

如果前一篇文鞏固了你對印度的壞印象，我希望這篇短文能攀回一點。

久聞印度火車意外多，乘客擠得坐車頂，所以我們都挑專門給外國遊客坐的火車。

但是，在德干高原，我終於坐上印度本土的火車，而且是過夜的。

等火車的時候，我們還蒙在鼓裏；一上火車，真相就大白了。這絕不是旅遊火車！但車已經開行。這臥鋪車卡燈光昏暗，床邊坐了不少人，空氣裏有一陣在孟買慣有的微酸腐味。同行的男性朋友向來和氣，見這情景卻很氣憤，向導遊咆哮，大罵他和旅行社不負責任。我們女的多，大概朋友感到必須出頭吧。車上的印度乘客不知道他罵甚麼，因為我們跟印度導遊說的是中文。

我甚麼都沒說，拿着行李站在過道，看導遊怎麼安排。導遊跟坐在床沿的印度乘客搭訕，很快就有人挪位置。原來導遊在遊說乘客換位，因為我們六個人的臥鋪還不在一起。那些乘客很好說話，導遊很快就達成任

務。我被安排睡在中鋪，導遊睡兩列臥鋪中間的地上，睡前還為我們蓋上其薄如紙的毛氈。這時我才記起上車前他拿着一個大塑料袋，哦，他早就知道這趟車的情況，買了氈。

一個年輕女友人的臥鋪貼着窗，與長窗並排而臥。一宿無話，第二天清早下火車，年輕女友人語帶自豪地說：「我做到了，終於熬過了。」原來窗邊風聲嗖嗖，她冷得縮成一團。

追究起來，旅行社說專門的旅遊火車滿座，買不到票，送我們一個大蛋糕當賠償。

這趟火車旅程不長，又兼是晚車，沒機會跟當地人聊天，但是我看到印度乘客二話不說爽快幫忙的互助精神，旅遊火車上大抵見不到這樣的印度。

斯里蘭卡的快樂麵包車

斯里蘭卡是佛國。佛教信眾覺得自己是和平的，等於中國人認為自己以農立國，是愛好和平的民族。真不真呢？

第一晚到埗，我們開夜車四小時，沿路見到狗隻在路上閒逛，甚至路中坐臥。難道牠們不怕死？我們那個信基督教的司機回答：「狗知道我們不會壓死牠。」

這個人人都稱讚它純樸的島國，還有一個特色，就是西式糕點做得很不錯。斯里蘭卡的西式食物已經很平民化。在小山村旅遊，有一天我們起得早，到外面閒逛。那是一條鄉間小路，有幾戶人家。有些房子已經改成家庭經營的旅館，有些還在擴建。看來斯里蘭卡的內戰結束了幾年，居民正着手做遊客生意。花開，鳥語，2月初春的清早，還未透出赤道午間的熱氣。在愜意的寧靜中，忽然傳來一陣熟悉的貝多芬《致愛麗絲》音樂聲，是音樂首飾盒那種甜甜的樂韻，令我憶起香港的雪糕車。那樂聲由遠而

近，又飄然遠去。環顧山路，沒有路人，沒有車輛。

過一陣，《致愛麗絲》又響起來，然後颼一聲有一輛黑色小車在我面前疾馳而過，我只及瞥見它的玻璃貨架上有許多麵包。這輛神出鬼沒的音樂車，不知道是從哪一條更小的山徑轉出來的。

我以為這次只是偶遇，遺憾沒有拍下照片。斯里蘭卡朋友說，這是從三輪的篤篤車改裝過來的麵包車，到處都是，城裏更多。

朋友說得沒錯，我們離開山區，去到海邊，果然見到更多麵包車。它們都奏着歐西音樂，《世界真細小》、《致愛麗絲》、《天鵝湖》，不一而足。音樂麵包車深入民心，以至互聯網上面放了不少笑話、視頻。在城市裏，它那早上五至八時，傍晚三至六時的免費樂聲，有點令居民吃不消，所以也有惡搞漫畫。

斯里蘭卡的麵包車

怎麼開那麼快呢？我問。

朋友說，為了搶生意啊。斯里蘭卡人說世界上有三樣東西是沒法抓到的，一是空氣，二是妖魔，三就是⋯⋯哈哈哈，麵包車。有時聽到樂聲，趕快出門口買麵包，它已經過去了。

我在斯里蘭卡十二天，沒有忘記那獅子岩下山路上，第一次遇到的音樂麵包車。獅子岩是斯里蘭卡最有名的旅遊點，沒料到獅子岩所在地是只有一條大路的小山村。那世界文化遺產旅遊點的貴重，與斯里蘭卡山區民居還保留的純樸人情，是很奇妙的組合，然後忽然穿插入一輛奏着哄孩子的歡快音樂的小車，賣着歐西麵包。

我跟香港朋友說，有些小店小伙計還腼腆流露純樸笑臉，令我難以想像，這裏不足十年前還在打內戰。見慣世面的朋友說，現在敘利亞戰火紛飛之地，他幾十年前踏足，也是個善良純真的世外桃源。

經過四分之一個世紀的內戰，沒想到自然的笑臉、簡單的快樂，還能重生。去斯里蘭卡，不當是遊玩，應當是遊賞。

第二章相關大事表

年份	中國	事件
約前 2500－前 1500 年	新石器時代	印度河文明
不詳－前 600 年	不詳－春秋	雅利安人南下。吠陀文化及婆羅門教興起，或已有種姓制度。
前 6－前 5 世紀	春秋	耆那教、佛教興起。
前 516 年	春秋	波斯帝國入侵及佔領印度河流域。
前 5 世紀	春秋戰國	僧伽羅人由印度移居斯里蘭卡。
前 327－前 326 年	戰國	希臘阿歷山大入侵及佔領印度西北。
前 3 世紀	戰國	印度史詩《羅摩衍那》可能成書，《摩訶婆羅多》早已口頭流傳。
前 273－前 232 年	戰國	支持佛教的孔雀王朝阿育王在位。
前 247 年	戰國	孔雀王朝的王子到斯里蘭卡島傳播佛教。
前 2 世紀	西漢	留在巴克特里亞（大夏）的希臘人入侵印度河流域犍陀羅地區。泰米爾人由南印度遷入斯里蘭卡。
40－241 年	東漢	大月氏人建立貴霜王朝。
78－144 年	東漢	貴霜國王迦膩色伽在位。受希臘造像影響，做第一個佛像。
1 世紀	東漢	南印度人乘船到達東南亞，首領與當地扶南王國的女王結婚。
67 年	東漢明帝	佛教傳入中國。
320－550 年	魏晉南北朝	笈多王朝出現。印度教及佛教藝術興盛，阿旃陀石窟繁榮。
399－412 年	東晉安帝	高僧法顯訪印。
606－647 年	隋－唐朝	戒日王建立帝國，曾與唐朝互派使節。
630－644 年	唐太宗	唐玄奘訪印。
788－820 年	唐朝	印度教吠檀多哲學家商羯羅在世。
8 世紀	唐朝	埃洛拉石窟第 16 窟建成。
846－1279 年	唐－元朝	南印度朱羅王朝崛起，曾統一南印度。
1000－1026 年	宋朝	阿富汗的伽色尼王朝 15 次入侵印度北部。
1175－1186 年	宋朝	伽色尼國王逃亡印度旁遮普，被古爾王朝所滅。
1192 年	南宋光宗	古爾王朝戰勝稱雄北印度的拉其普特人，任命突厥語總督。
1206 年	南宋寧宗	古爾王朝的欽察奴隸在德里建蘇丹國。

年份	中國	事件
1405－1407 年	明成祖	鄭和第一次下西洋，停靠斯里蘭卡及印度南部港口。
1409 年	明成祖	鄭和在斯里蘭卡立「布施錫蘭山佛寺碑」。
1433 年	明宣宗	鄭和死於印度港口古里（今科澤科德）。
1498 年	明孝宗	葡萄牙人達伽馬到達印度。
1526 年	明世宗	突厥蒙古人巴布爾入侵印度，建莫臥兒帝國。
1553 年	明世宗	葡萄牙人從印度東岸出發，到達澳門。
1600 年	明神宗	英女皇給予東印度公司經營印度貿易特許權。
1773 年	清乾隆	東印度公司獨佔孟加拉鴉片貿易，於加爾各答轉賣再運到中國。
1794 年	清乾隆	印度法論《摩奴法典》譯成英文，影響英國統治印度的法律。該古書的成書年代不明。
1802 年	清嘉慶	斯里蘭卡正式成為英國殖民地。
1830 年代	清道光	英國引入大批泰米爾人到斯里蘭卡，協助種植。
1857 年	清咸豐	印度士兵嘩變，民族起義波及多地。
1858 年	清咸豐	英國滅莫臥兒王朝，撤銷英國東印度公司，成立英屬印度。
1919 年	民國	英屬印度向集會人群開槍，是為阿姆利則慘案。
1920 年	民國	甘地領導第一次非暴力不合作運動。
1947 年	民國	印度獨立，巴基斯坦另行立國。
1948 年	民國	斯里蘭卡獨立，定名錫蘭，1972 年改名。

本章參考資料

· Panikkar, K.M., *India and the India Ocean: An Essay on the Influence of Sea Power on Indian History*, London: Allan & Unwin, 1945.
· 尚會鵬：《種姓與印度教社會》，北京：北京大學出版社，2001 年。
· 張高翔：《印度教派衝突研究》，北京：人民出版社，2012 年。
· 〔印〕甘地：《甘地自傳》，北京：商務印書館，1998 年。
· 〔印〕高善必（Kosambi）：《印度古代文化與文明史綱》，北京：商務印書館，1998 年
· 〔印〕賈瓦哈拉爾·尼赫魯：《爸爸尼赫魯寫給我的世界史》，北京：中信出版社，2016 年。

第三章

內。陸。的。中。亞。

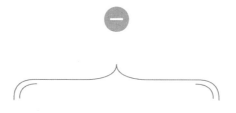

哪裏是中亞？

中亞在陸上絲路扮演很重要的角色，因為它就在亞洲大陸的中部。但是陸上絲路衰落之後，位處內陸的中亞就少人認識了。

有人說中亞位於內陸，這是它在古代的優勢，也是它今天最大的問題。

古代，這裏是各大文明來往貿易、戰爭的必經之地，各種思想、作物在其中來來往往，在中亞上演的縱橫捭闔，實在超乎想像。但中亞並不只是政治角力場，它在文化上的地位，以至它自己的文化地位，也曾經睥睨一方。

海運興起，深藏於內陸、沒有出海口的中亞，重要性降低，對外部世界的訊息不暢。

世界變成海運時代已經幾個世紀。未來世界會怎樣發展？在每日有十萬班飛機在飛、互聯網發達的世界，處身內陸，是否中亞無可挽救的缺憾呢？

中亞在哪裏？

▲ 在一張沒有國界的地圖上，你能指出中亞範圍嗎？

　　中亞即是亞洲中部內陸地區。這樣模糊地講很容易，但中亞這個概念由德國地理學家提出後，它的具體範圍，至今未有統一的說法。

　　有人按地理條件，將河流不流出海的亞洲中部地方視為中亞內陸，如果按這個條件，那就包括阿富汗和伊朗東部，甚至新疆、蒙古高原和部分青藏高原。

　　聯合國教科文組織則在蘇聯解體前不久，根據氣候和風俗，將中亞定為除了五個斯坦國家，還包括蒙古，中國的西藏、新疆和內蒙西部，伊朗東北、阿富汗、巴基斯坦一部分，克什米爾，甚至印度一部分，俄羅斯一部分。

　　現在則普遍將前蘇聯的五個中亞共和國認定為中亞，這是以政區為界線，但傳統上，阿富汗較諸哈薩克斯坦的北部草原，更符合中亞的地理和人文條件。

　　後面我們為了方便，也是以中亞五國為界來談中亞，但對中亞與阿富汗的關係，亦不能掉以輕心。

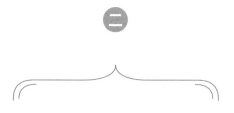

內陸的「面目」

前文在世界地圖上找中亞的遊戲，答案揭曉：在沒有國界的地圖上，要找出中亞，可以靠找出幾個自然地貌：兩個海、世界屋脊和兩個山脈、兩條河，它們都大得在世界地圖上看得見，而且這幾個地理元素，對中亞的自然和人文都很重要。

1. 兩個「海」

叫做中亞，即是亞洲的中部，按理應該是內陸，沒有海，但是這裏有兩個以海為名的大湖。無論中英文，它們都叫做海 —— 裏海和鹹海。這兩個「海」在中亞的西面。

裏海是中亞西面的地理界線，也是亞洲與歐洲的分界。它是世界第一大內陸湖，是個鹹水湖。這裏石油蘊藏量豐富。哈薩克斯坦和土庫曼斯坦兩國，是中亞的產油大國，因為裏海在它們的西面國境。

鹹海比裏海小，在裏海東面。它本來也相當大，曾以六萬八千平方公

里的面積，名列世界第四大湖。而且中亞最大的兩條河，都流入鹹海，所以對中亞也非常重要。只是它的面積現在大為縮減，釀成一場生態災難。

2. 兩條河

中亞最大的兩條河橫跨中亞的心腹地區，它們是阿姆河（Amu Darya）和錫爾河（Syr Darya），兩河都由東而西，流入鹹海。

這兩條河是中亞的水命脈、文化源流，堪稱為中亞的兩河流域。但是「兩河流域」這個名，大家慣用在美索不達米亞平原的幼發拉底河和底格里斯河，這兩條西亞河流造就了世界四大古文明之一的巴比倫文明，所以中亞的兩河只好讓一下路，稱為河中地區（Transoxiana）。這裏是中亞的絲綢之路精華區。

兩河之中，錫爾河在北，是中亞最長的河，連上游的納倫河，長三千多公里，發源於天山西部，灌溉中亞兩個重要的經濟區 —— 費爾干納盆地和塔什干綠洲。錫爾河也是中亞的農牧分界線。

▲ 布哈拉往撒馬爾罕途中一景。這裏位於河中地區，是中亞的精華區，綠洲相距不遠，水資源亦較豐富。

▲ 天山廊道西段的林地，蒙古包上升起裊裊炊煙。

　　阿姆河在南，雖然不及錫爾河長，但它是中亞流量最大的河，它的主流和支流灌溉了中亞很多重要綠洲。阿姆河發源於號稱世界屋脊的帕米爾高原，由於落差大，它有豐富的水電資源。

　　一般人難以想像的，是中亞兩條大河之旁，是中亞兩個大沙漠。

　　一個是紅沙漠（克孜勒庫姆沙漠，Kyzylkum），就夾在兩條大河的中間，屬於今天的烏茲別克斯坦。一個叫黑沙漠（卡拉庫姆沙漠，Karakum），在阿姆河南面和今日伊朗之間，覆蓋土庫曼斯坦大部分國土，使土庫曼斯坦位列中亞五國裏最乾旱的國家。

3. 世界屋脊和兩個山脈

　　中亞的東面有帕米爾高原，中國古稱之為蔥嶺。

　　帕米爾高原地勢非常高，是亞洲主要山脈的匯集處，包括天山、崑崙

山、喜馬拉雅山、興都庫什山，所以號稱「世界屋脊」。帕米爾高原佔了中亞國家塔吉克斯坦很大的面積。

帕米爾高原向西伸展出天山和興都庫什山。天山在北，這是很長的山脈，在帕米爾高原東面的一段，勾出新疆的北面輪廓。西面這一段主要在中亞兩個國家 —— 哈薩克斯坦和吉爾吉斯斯坦之間。

興都庫什山在南，在今日的阿富汗。興都庫什山的英文名 Hindu Kush 跟印度有關係，它也是南亞次大陸上屏障古印度的重要山脈。

4. 其他界線

至於中亞的南北界線，就沒有東西界線那麼壯觀和有個性了。

北面的草原 —— 哈薩克斯坦草原再往北去，就是西伯利亞，兩者之間沒有明顯界線。

東南面可以用阿姆河為界，西南的界線是土庫曼斯坦和伊朗之間的低矮山脈 —— 科佩特山脈（Kopet Dagh），它的最高峰跟中國的五台山最高峰差不多高，容易跨越，所以中亞和今天的伊朗，自古關係密切。

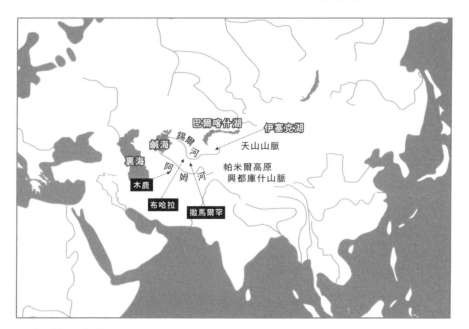

▲ 中亞的地理標記

深入一下
中亞土地

　　中亞的面積大，但是人口少。雖然有河有湖，但位處內陸，乾旱少雨，日夜溫差大，是典型的大陸性氣候。

　　香港年降雨量大約二千三百毫米，中亞地區一般在三百毫米以下。在鹹海附近和土庫曼斯坦的荒漠，年降雨少於一百毫米。山區降雨比較多，有一千毫米，但也有極少的，如帕米爾只有六十毫米。

　　由於日照強，溫度高，因此蒸發量大，甚至大於降雨量。流入鹹海的阿姆河，它的三角洲水面的年蒸發量比降雨量大二十倍！

　　在中亞，水不來自下雨而來自雪山，雪山造就了橫貫中亞的大河，雪山融水供養了像阿拉木圖等不少城市，但是雪山之下仍然有荒漠。

　　下面我們由東到西，走一走中亞之地。

絲綢之路天山廊道的西段

離開中原後，唐代絲綢之路走的是天山腳下的草原路。天山東起新疆，連綿到中亞，在今天哈薩克斯坦和吉爾吉斯斯坦之間通過。這一帶是遊牧民族的天地，哈薩克的意思就是自由的牧人。牧人逐水草而居，住氈帳，可以有悠久的傳說和口頭文學，卻不容易留下實物。天山廊道雖然來往頻繁，但大家對古代牧人的狀況知得不多。

阿拉木圖是天山西段的重鎮。在阿拉木圖東面的天山下，發掘出貴族墓葬，冠服綴滿黃金裝飾，所以被稱為「金人」。金人可能是遊牧的塞種（或譯斯基泰）的貴族，生活在公元前。雖然金人跟現在的居民未必有關係，但是阿拉木圖的獨立廣場所豎立的高柱上，就標舉着金人武士。

▲ 天山北麓曾出土遊牧族的貴族墓，滿飾金飾，被稱為「金人」。左圖為博物館中的金人模型，右圖可見阿拉木圖市中心獨立廣場所豎立的高柱上標舉着金人武士，正腳踏雪豹。

遊牧族一浪推一浪，到漢朝時，這裏的著名遊牧族是烏孫，曾跟漢朝極友好。阿拉木圖的歷史博物館有個設在一角的金庫，主要陳列遊牧族的金飾，由專人打開重重的鐵門，有講解員陪同才能參觀。有一件烏孫女性頭飾跟其他烏孫金飾的風格完全不同，有羽人、飛馬和龍，上嵌綠松石。乍一看，以為漢朝的羽人受它影響，轉念一想，應該是反過來，這是漢朝流傳到烏孫的東西。

唐朝打敗突厥之後，中原人可以安全通行於天山廊道西段，所以唐朝走絲綢之路是由這裏通過。這段牽動唐朝政治的天山廊道已被聯合國列為世界文化遺產，但今天的中國人對它已不太認識。

為甚麼唐朝時走天山廊道呢？

由中原到大西域，要越過大沙漠和大雪山。平均海拔五千米的帕米爾高原最是旅人的難關，而壯觀的天山則有不少七千米以上的雪峰，也是難以逾越。由中原到中亞，如果條件許可，當然想設法避過這些地理險阻。方法是沿着天山南北的草原和山地前進，就是走天山廊道；到了西面天山，再折向南，在伊塞克湖（熱海）休整一下，才進入中亞的重要農業區 —— 費爾干納盆地。要去伊塞克湖不能直接由東面群山劃一條直線過去，因為那裏有兩個七千米的山。

為甚麼唐代才走天山廊道，而漢代不走呢？因為這裏是草原地帶，要進入遊牧族的地盤。如果有遊牧大帝國雄踞，而且和中原王朝為敵，像匈奴和突厥強盛的時候，那麼這條路漢人是走不得的。張騫第一次通西域時，恐怕還未到草原就被匈奴抓了；唐玄奘取西經偷渡走這條路，因為當時唐和突厥敵對，這裏是戰區，唐朝有出境禁令。唐玄奘是得到突厥可汗的護送才順利通過的。及至唐朝敗突厥帝國，這條路才能對漢人開放。

中亞天山廊道上曾有過好些繁華的商貿聚落，阿拉木圖是這裏天山腳下的重要城市，屢毀屢起。另外，唐朝所建最西面的城 —— 碎葉城，也

▲ 天山南麓楚河谷地中的巴拉沙袞，是喀喇王朝的首都。金人敗遼，遼代貴族耶律大石西去，也在這裏建立王朝。如今當地最顯眼的古跡，是這個布拉納塔。

在這一地區。高仙芝被大食所敗的戰場怛羅斯，在碎葉城再往西北。此戰令唐的勢力退出中亞。遼朝被金人所滅，有一支西走，在中亞建立西遼帝國，也曾稱雄一時。它的首都距碎葉城也很近，就在現在列為世界文化遺產的布拉納城的地方。

由於蒙古高原和中亞北方草原的遊牧族經常南下掠奪，因此遊牧族的強弱，對中亞綠洲極有影響，對中國角度講的絲路通不通，也大有關係。

上文提過的伊塞克湖，是中亞天山廊道上的兩個重要湖泊之一，另一個是巴爾喀什湖。它們的面積雖然不及西面的裏海和鹹海，但是在中亞仍有重要地位。

伊塞克湖在唐代稱為熱海。它是個高山深水湖，在海拔一千六百米，四周被雪山圍繞。奇妙的是這麼高，這麼多雪山圍繞的大湖，冬季不結冰。這個大湖最深處有七百米，容水量巨大，是絲綢之路天山這段的重要地區。可以想像辛苦跋涉過沙漠和高山，來到大湖邊休整，會有多舒暢。不過，當地人告訴我，伊塞克湖的水是鹹的，要喝水還是得靠雪山！

另一個重要的湖——巴爾喀什湖在伊塞克湖以北。這個湖是遊牧族的重要棲息地。許多條河流入湖裏，所以這個地區又叫做七河地區。其中最大的一條河伊犂河，發源於新疆天山。巴爾喀什湖的湖水分成東西，中間只有狹窄的水道相連。由於河流多注入西面的湖，所以西半部水淡，東半部水鹹。七河地區現在大部分屬於哈薩克斯坦。中國的西部大開發抽取伊犂河水灌溉新疆的農田，影響了巴爾喀什湖的淡水量，哈薩克斯坦有意見。

中亞絲路的文化重鎮

在這片以山地、荒漠、草原為主的中亞大地上，也有肥沃的盆地和綠洲，絲路上的東西往來就是沿着綠洲前行。中亞的綠洲或肥沃河谷之間的距離，比新疆的近。由中原出發的絲路商旅，經過天山下的草原之後，首站目的地就是大宛——今天的費爾干納盆地，然後再沿綠洲城市，如撒馬爾罕、布哈拉、木鹿（今土庫曼斯坦的 Merv）等前往今天伊朗、土耳其等地，以至歐洲和非洲。

費爾干納盆地、布哈拉綠洲和撒馬爾罕綠洲，是中亞的文化重鎮。

費爾干納盆地 —— 漢的大宛

這裏就是張騫通西域時所去的第一大站大宛，它在中亞的位置極為重要，由於雨量充沛（二千毫米），土地肥沃，歷來是中亞人口最多的地方，現有人口超過千萬，可以說是中亞的精華地區。它是中亞的伊斯蘭教文化中心，人才輩出，影響及於西亞。由於 1920 年代斯大林隨意分割中亞五國的邊界，今天這個盆地分屬三個中亞國家：吉爾吉斯斯坦、烏茲別克斯坦和塔吉克斯坦。第一章介紹過大宛對中國開拓絲路的重要性，這裏就不重複了。

河中兩大綠洲都會 —— 布哈拉和撒馬爾罕

布哈拉和撒馬爾罕位於中亞兩河之間的河中地區，可說是中亞最繁榮的地方。兩地相距不遠，都是阿姆河的支流澤拉夫尚河的綠洲。

布哈拉和撒馬爾罕發展得很早。與漢唐中國大做生意的粟特人，主要就是來自這裏。唐朝安史之亂的首領安祿山生在中國，生父來自撒馬爾罕（康國），繼父來自布哈拉（安國）。這裏可以說是安祿山的祖國。

撒馬爾罕長期是絲路上的名城，經常成為中亞帝國的首都。曾惹成吉思汗西征的花剌子模國，就是以撒馬爾罕為首都。14 至 15 世紀時，帖木兒帝國也建都於此，當時可稱為世界大都會。

河中地區跟波斯在文化上有淵源。信伊斯蘭教的阿拉伯帝國未興起前，中亞的宗教主要受波斯影響，有祆教、摩尼教。阿拉伯帝國滅了波斯，再入侵中亞，但並不是一次戰勝以及長期佔有，而是反覆進攻和退卻，因此本來緊密的宗教社區受破壞，伊斯蘭教是中亞一種新的社會生活方式。

阿拉伯帝國的軍事衝擊過去後，中亞的薩曼王朝（Samanids，875－999），統治者是波斯貴族，大力提倡波斯文化，曾使首都布哈拉成為波斯

▲ 開創代數的花剌子密（Al-Khwarizmi）是花剌子模人，為 9 世紀波斯數學家。他的拉丁名字拼為 Algoritmi，亦是 algorithm（代數）一詞的源頭。

文化復興的重地。當時布哈拉的文化興盛程度，可與阿拉伯帝國的首都巴格達相比。但薩曼王朝亦信仰伊斯蘭教，河中地區既是中亞文化重鎮，自然也是伊斯蘭教的重地。布哈拉有很多伊斯蘭教經院。杜牧的詩形容江南「南朝四百八十寺，多少樓台煙雨中」，中世紀時，布哈拉有近四百八十所清真寺和經院，在數目上與杜牧筆下的江南不遑多讓。

布哈拉和撒馬爾罕的王朝，數學和天文也很有名。帖木兒的孫兀魯伯（Ulughbeck），精通天文學。1429 年完成兀魯伯天文觀測站，盛時有六七十個著名天文學者做研究，是伊斯蘭世界著名的天文學研究中心。可惜兀魯伯死後，觀測站被毀。

其他綠洲

此外，今日阿富汗北面和塔吉克斯坦南面，有一片被帕米爾高原的山半圍着的土地，叫做巴克特里亞（Bactria），中國稱為大夏。張騫第一次通西域曾經去過，在這裏見到四川的布和竹杖。這兒是個農業發達的地方。

土庫曼斯坦近伊朗的綠洲木鹿，是波斯和阿拉伯人經營東方的基地，亦是重要的聚落和通道。然而木鹿在蒙古西侵時被夷為平地，至今沒有恢復。

▲ 絲路大城市撒馬爾罕是世界文化遺產，市中心的雷吉斯坦廣場氣勢大，圍繞廣場有多間
15 至 17 世紀的清真寺和經院。

▲ 位於布哈拉的建築面貌

內陸的價值：
通海重要嗎？

最古老的文明十字路口

中亞位處內陸，正當東來西往，南上北下的必經之地；除了帕米爾地區，大部分地方是平坦的草原或荒漠；如此一片大地，正是各路人馬用兵的好地方。

早期的地緣政治學說，把中亞稱為世界中心，說是得中亞者得天下。這說法恐怕說得過了一點，但要說中亞是古代歐亞大陸政治風雲匯合點，則沒有甚麼異議。當時歐洲的政治和文化的動能，沒有亞洲的大。

地處通衢，中亞也成為世界上歷史最悠久的文明十字路口。做文明十字路口並不容易，尤其是弱國。又或者反過來說：處於十字路口，各路人馬四面雲集，很難不做弱國。後面這說法或者更合於事實。

中亞的歷史就是：遊牧族經常南下，控制綠洲，初期掠奪，後來立國；

加上四方的大帝國 —— 古代主要是東西兩方，近代加上南北兩方，在此歐亞通路爭雄。

古代中亞人在各大強權之間，採取一種順應的態度。他們不是不勇悍善戰，試想安祿山的祖家就在中亞啊！但是形勢比人強，與其永遠作軍事對抗，不如以百煉鋼化為繞指柔。漢唐的時候，中亞粟特人尤其以經商聞名。他們繞不過波斯阻梗，就慫惠北面的遊牧帝國抄後路跟羅馬做生意。

在陸權時代，中亞承載着各方訊息往來的角色。在上古草原之路時代，是遊牧族往來傳播；到後來絲綢之路的時代，各大定居文明（中國、印度、西亞及希臘、東羅馬、奧圖曼）由陸路經中亞而交往。中亞絲路成了中國的西風窗：獲得其他重要文明訊息的窗口。遊牧大帝國若興起於蒙古高原或天山廊道，中國是首當其衝。因此在陸路交通為主的時代，中國無可避免地要關注草原和西域的形勢。中亞自己亦曾在絲路上作出科學、文學、藝術上的貢獻。

複雜的古代縱橫捭闔

中亞這樣的地理位置既有利商貿，歷史上亦充滿血淚：戰亂、掠奪和屠殺經常發生。

中亞歷史最讀死人。聽聽這一連串在歐亞大陸縱橫捭闔的帝國、王朝的名字：波斯帝國、希臘的馬其頓帝國、貴霜帝國、西突厥汗國、阿拉伯帝國、塞爾柱帝國、西遼帝國、蒙古汗國、俄羅斯帝國，這些強權全都在中亞伸展過勢力。連中華帝國也不例外，唐朝曾經統治中亞部分地方一百七十年。

而起於中亞的大大小小王朝亦此起彼落，數不勝數：薩曼王朝、喀拉汗王朝、伽色尼王朝、古爾王朝、布哈拉汗國、哈薩克汗國、浩罕汗國……。這些王朝、汗國大多是地區性的，也曾繁榮威武，但跟外地伸手

入來的世界級帝國沒法相比。在中亞崛起而強大得有世界名聲的，是帖木兒帝國。跛子帖木兒無論在明朝或歐洲，都威名赫赫，真正稱得上名震中外。入侵印度的莫臥兒帝國也可以算是一個大帝國，但領土主要在印度。

一個外地人想要搞清楚中亞的歷史，看着一長串王朝名單，實在愁眉不展。有個嫁給中亞人的中國朋友說，不要再說中國歷史難讀了，她兒子讀的歷史，比中國歷史難上一百倍。

這麼複雜的歷史，源於中亞的關鍵位置：它在亞洲的中間，東西交往、東西交戰，全都穿過它。有說這片人煙少又嚴酷的土地，令中亞易於被據但難於統治，所以千百年來反覆出現的帝國興亡，構成中亞的歷史。

複雜的現代縱橫捭闔

即使海權已興，中亞的爭雄遊戲仍沒有完結。19 世紀，俄羅斯帝國由西伯利亞南下，而英國借着佔據印度的位置，亦曾北上在中亞與俄羅斯爭雄。如果你打開地圖，會見到今天巴基斯坦幾乎與中亞的塔吉克斯坦接壤，但中間有一條長長的走廊，屬於阿富汗領土。這條瓦罕走廊（Wakhan）長三百五十公里，但闊度只有十三至六十五公里，東面通到新疆，據說就是俄英爭雄，以阿富汗為緩衝的結果。

在陸路交通時代，中亞的優勢是位處內陸的中心，所有訊息都要經過這裏。及至海路交通興起，內陸位置卻令中亞與世界大勢的訊息有隔。落入俄羅斯帝國之手，然後成為蘇聯的加盟國，在中蘇交惡、美蘇冷戰之下，中亞更進一步封閉。

中亞五國脫離蘇聯獨立後，因為戰略位置以及豐富能源儲量，令它們仍不能免於大國的縱橫捭闔。中亞五國本身，則各有地緣政治考慮，各受不同的鄰居大國影響。

與中亞五國接壤的大國，在北面有俄國、東有中國、西有伊朗。在東

面的哈薩克斯坦和吉爾吉斯斯坦，受俄國、中國的影響較大；在西面的土庫曼斯坦則親近伊朗。南面仍然動盪的阿富汗和幾乎跟塔吉克斯坦接界的巴基斯坦也不能忽視。別忘了阿富汗和巴基斯坦也是「斯坦」國。在中間的烏茲別克斯坦和塔吉克斯坦都較易受到阿富汗和巴基斯坦局勢的影響。

塔吉克斯坦全國大部分在帕米爾高原山區，交通阻隔，但塔吉克斯坦是通往阿富汗和巴基斯坦的交通要道。塔吉克斯坦與阿富汗有不短的邊界，常常有軍火和毒品的問題。這兩國自古亦有人民和人文關係，包括被蘇聯禁止的伊斯蘭教，其人員和抗蘇部族中，有一些退到阿富汗。

在所有這些接壤國家裏，俄國的影響力仍然最大。俄國亦視中亞是它的後院和戰略空間。

除了接壤國，外圍國家也隔空伸展影響力。蘇聯解體後，美國出現於中亞。1990 年代，在烏茲別克斯坦和吉爾吉斯斯坦建立軍事基地，使中國和俄國都感到受威脅。美國亦希望中亞的政治制度會走向美國式，曾支持2005 年吉爾吉斯斯坦的鬱金香革命。

沙地阿拉伯希望主導伊斯蘭世界的走向，又與伊朗不穆，因此既要防有地緣之利的伊朗重返中亞，又想推進該國的伊斯蘭原教旨主義。

更遠的土耳其則以同屬突厥族、語言相近的名義，想在中亞發揮影響力。

日本不用說了，它的中亞研究向來不弱。早在中亞剛脫離蘇聯的 20 世紀末，日本就曾經以新絲路的名義，推動向中亞投資。

還有一個國家就是韓國。去過中亞的人，都會驚訝那裏有許多韓國餐館和汽車，首爾也有很多航班飛到中亞大城市塔什干。遠在東亞的韓國，跟中亞竟然拉上關係，是因為二戰時，蘇聯擔心東方國境裏的朝鮮人會投向日本，因此遷徙遠東的朝鮮族到中亞。

影響至今的
幾大文化線索

　　要稍為把握中亞這麼錯綜複雜的網絡，我們對以下幾方面的人文因素，應該略知一二：

1. 波斯的悠久影響

　　波斯的文化一直有東西兩個源頭。東部的呼羅珊（Khorasan）地區，是波斯文化的要地。中亞與呼羅珊地區，只隔着低矮易過的山脈，古時這兩個地區民族相近，語言相通，因此文化相承，關係千絲萬縷。今天土庫曼斯坦近伊朗的地方，是波斯第二王朝 —— 安息帝國的崛起地。波斯強大時，勢力一定延伸到中亞的河中地區，甚至阿富汗，因此歷史上這個大範圍有大呼羅珊之稱。

　　阿拉伯入侵中亞過後，波斯文化以撒馬爾罕、布哈拉及呼羅珊為中心，在中亞復興。薩曼王朝雖然是伊斯蘭教國家，但波斯文化興盛。現代

波斯語文學之父魯達基（Abu Abdullah Rudaki，858－941）就生於撒馬爾罕附近的農村，今在塔吉克斯坦邊境。

薩曼王朝之後，中亞的伊斯蘭教突厥族王朝仍然流行波斯習尚，播及印度的莫臥兒王朝及建都伊斯坦堡的奧圖曼帝國。

中亞經過一番突厥化，民族和語言都變成以突厥為主，但今日中亞五國裏面，塔吉克斯坦是操伊朗語的，而伊朗語族的人，亦有大伊朗的講法。由於古波斯與中亞的關係，今日中亞區內 —— 尤其據有河中地區的烏茲別克斯坦，擔心伊朗勢力綿延未斷。區外國家如美國及沙地也對伊朗在中亞的影響力有顧忌。

▲ 布哈拉薩曼王朝留下的建築。蒙古西侵時，當地人以土將它堆埋起來，因此得以保留。

2. 民族突厥化

在古代，歐亞草原一直是遊牧族的天下。

由草原北部南下的遊牧族一浪接一浪。其中一支稱為突厥的，在隋時興起，雄踞蒙古和中亞草原，建立帝國，統治及吸收了許多草原上的民族，後來被唐朝打敗。

突厥本來是同語族的人群中的一支，但由於突厥帝國曾經很強大，因此後來反過來，把該語族稱為突厥語族。

中亞的居民本來是說伊朗語的族群為主，有定居，也有遊牧。強大的波斯有力阻止突厥語各族渡過錫爾河南下，但 7 世紀時，阿拉伯帝國打敗波斯，為說突厥語的各族南下西走減少了障礙。到 13 世紀蒙古西侵，殺了中亞許多抵抗的原居民，於是突厥族移入填補了中亞的人口空白。今天中亞五國有四國講突厥語族的語言，有點像中國各地方言的關係，語言並非全同，但估摸着，也可以稍為溝通。

突厥和蒙古的關係，也要說明一下。全世界的民族，像社會學家、人類學家所說，其實是一種虛擬的血緣關係，是文化的，多於種族的。蒙古語不屬於突厥語族，蒙古族在蒙古高原打敗屬突厥的乃蠻，高原上的突厥都被吸收同化，變成蒙古人；西侵的蒙古人在中亞卻逐漸被突厥同化，中亞於是成為突厥的天下。今日在西方地區定居的，都稱突厥人，少稱蒙古人。有些嚴謹的研究者則稱為突厥—蒙古。

遊牧部落與中亞社會組織

遊牧人的社會組織是以部落為紐帶的。部落的成員有血緣、生活地域、語言和宗教等等共同文化。雖然分開放牧，但部落的首領要知道帳下有多少人，以分配牧場；作戰時也要知道能出多少兵力。我們看看唐代那些有部落的蕃將，戰時總是率部落作戰的。「打死不離親兄弟，上陣不離父

子兵」，這句中國俗語，道盡以家族血緣關係為紐帶，互相信任的感情。部落成員之間，也有這種連結。通過通婚和結盟，部落還可以結合成強大的聯盟，彼此支援，共謀發展。部落組合可以很強大，像蒙古西侵的隊伍也是由部落組成的。

雖然現在純遊牧的生活已經很少，但部落關係在中亞還有遺痕。如果細心留意中亞、阿富汗或者阿拉伯相關的新聞或電影，會感受到部落的存在。等於不生活在農村的中國人，仍有一些會講究宗親會、同鄉會。

中亞遊牧傳統較強的地方，雖然經過蘇聯的社會主義意識形態洗禮幾十年，骨子裏的部落價值仍未全改。城市生活對部落觀念有衝擊，我跟一個生活在城市的吉爾吉斯斯坦年輕人聊天，他認為住在鄉村的人才講究部落關係。但是他承認自己的生活裏也有傳統的痕跡，例如習俗上，由於沒有姓，因此他們都要熟誦七代祖先的名字，這是許多民族都有的風俗，維吾爾、哈薩克以至傳統的俄羅斯族都是如此。他們從父親那兒知道自己屬於甚麼部落，就像我們從前讀書要填籍貫一樣。而且找結婚對象，不找有共同祖先的，也盡量不找不和的部落的人。

部落對中亞政治的影響

中國人曾被人評為一盤散沙，因為傳統農村社會，家的觀念重於國的觀念。同理，部落社會是以對家庭、對氏族、對部落的認同為核心的，而且有追隨部落領袖的習慣。因此部落觀念也會影響國家觀念。

部落組織是以部落為行動單位的。俄國十月革命後，中亞有勢力的部落聯手，想借機脫離俄國統治，被蘇聯貶稱為 Basmachi 運動，在俄文是土匪的意思。這支軍隊就是由部落組成。像土庫曼斯坦有二十多個部落，其中兩個最強大，Yomut 屬於其一，是 Basmachi 運動裏的土庫曼領袖。部落的軍隊哪怕驍勇善戰，但各部落領袖仍以氏族和部落為效忠對象，缺乏統一的領導和意識形態。這跟共產主義意識形態強烈、有嚴密組織的蘇聯紅

軍比起來，自然難以匹敵。Basmachi 運動經過十年，終於失敗。

不過傳統畢竟是滲到骨子裏的東西，氏族部落元素並沒有因為蘇聯統治而消失。中亞五國獨立時，塔吉克斯坦發生了五年內戰，氏族競爭也是其中一個因素。曾經有個調查，發現蘇聯解體後，在不少中亞人的心目中，部落仍是個人發展和社會穩定的力量，最能夠幫助人提升地位，改善生活水平。互相照顧的部落習慣，也形成一人當官，全體受惠的心理傾向，容易滋生裙帶風和貪污，等於中國人社會也不時有「一人得道，雞犬升天」的弊病。

另外，為了平衡和維持各部落的均勢，於是輪流分配政治權力。例如哈薩克斯坦有大中小三玉茲，下面再分部落，在蒙古高原上曾經十分強大，後來被成吉思汗所敗的乃蠻部，就屬於中玉茲的部落。三玉茲會分配政府的職位，不讓一個玉茲全包攬。

近代泛突厥斯坦的主張

在近代風雲變幻的世局裏，有很多泛這個、大那個的主張，例如泛伊斯蘭主義，泛突厥斯坦也是這泛濫大潮的一員。

突厥本是族名，不是地名。斯坦卻是土地的意思。突厥斯坦作為土地名稱，是俄國所稱，把治下突厥族聚居的土地 —— 主要指中亞，稱為突厥斯坦。

泛突厥斯坦的主張，由俄國的韃靼人提倡，主張建立突厥語民族的伊斯蘭教哈里發國家。俄國的韃靼人與突厥是甚麼關係，又是一個長故事，這裏就不仔細交代了，總之現在他們是語言接近的民族。韃靼人是俄國的第二大民族。俄國雖然是沙皇專制，但它的現代化其實深受西歐理論影響，韃靼人在這西化的土地上生活，因此成了韃靼—突厥人現代化自強運動的先鋒，受西歐民族主義思潮的鼓動，從而提出了泛突厥斯坦的主張。但民族主義思潮風動的時候，歐洲又有共產主義國際大家庭的思潮，而蘇聯是共產主義的實踐場地，因此泛突厥斯坦的主張又隱沒了。自從戈爾巴

喬夫在蘇聯實行改革以來，建立突厥斯坦的聲音又重新出現，而土耳其亦曾想在其中有所作為。

3. 宗教伊斯蘭化

教派和宗教包容

一時的歷史可以影響長遠。伊斯蘭教和突厥於中亞，可以追溯到唐代世界局勢的變化。千多年前，阿拉伯帝國挫敗唐朝，控制中亞。阿拉伯帝國對中亞有兩大影響：一是伊斯蘭教東傳，使不少信佛教的絲路民族，改信了伊斯蘭教。一是阿拉伯帝國用突厥人做守衛和奴僕，突厥人逐漸掌權，使中亞突厥化。

中亞被阿拉伯帝國征服，改信伊斯蘭教已有上千年歷史。其後出現在中亞的各族汗國都是伊斯蘭教國家，包括打敗阿拉伯帝國的蒙古汗國，留在西域的，亦由原來的薩滿教改信伊斯蘭教。這些伊斯蘭教王朝雖然也發生過宗教迫害，但是更常採用宗教包容政策，而且中亞的伊斯蘭教向來比較世俗化。

現在的中亞五國都是伊斯蘭教國家，大多數是遜尼派，有少量什葉派。

武裝伊斯蘭組織的出現

中亞現在也有孕育極端思想的隱憂。2017 年 4 月，歐洲發生了兩宗襲擊案，在瑞典，有貨車衝入人群，疑犯來自撒馬爾罕；俄羅斯地鐵爆炸，疑犯來自費爾干納盆地的聖城奧什。2018 年中，在塔吉克斯坦騎自行車的歐美遊客受襲擊。

其實中亞的伊斯蘭教向來比較世俗化，雖然自古也是研究伊斯蘭教的重地，但沒有甚麼極端思想。由於中亞的地理位置重要，外地的極端伊斯蘭思想和武裝伊斯蘭派系，都想在中亞發揮影響力，紛紛滲透和活動。

本來蘇聯時代是主張無神論的，中亞的伊斯蘭教或隱蔽起來，不張旗

鼓，或轉到蘇聯以外的地區，例如部分 Basmachi 運動的人就逃亡到阿富汗。1979 年蘇聯入侵阿富汗，蘇聯的中亞士兵在阿富汗接觸武裝伊斯蘭思想，而美、英、沙地阿拉伯協助阿富汗對抗蘇聯，也支持極端伊斯蘭組織人員滲透中亞塔吉克斯坦和烏茲別克斯坦；並引入極端伊斯蘭人士到阿富汗和巴基斯坦，數達十萬。我們想想策動 911 襲擊的拉登，來自沙地阿拉伯，不就是美國在阿富汗對抗蘇聯時培養的嗎？

1990 年代蘇聯解體之後，被抑制的伊斯蘭教重新活躍。外來的武裝伊斯蘭派系滲透，與部分宗教復興力量結合，建清真寺和學校，吸引青年參加，對中亞以至區外造成隱憂。

4. 俄國－蘇聯的影響

19 世紀俄羅斯帝國與英國爭雄，1860 年代俄國併吞中亞。俄國變為蘇聯，然後中亞以加盟共和國的名義，納入蘇聯六十多年。俄國－蘇聯百多年的管治，俄語成為中亞的通用語，由阿拉伯字母拼寫的中亞文字，亦改為以俄文字母拼寫。中亞亦依賴俄國－蘇聯的科技，例如發展水利灌溉工程。今天阿拉木圖和吉爾吉斯斯坦首都綠化非常好，都是俄國－蘇聯的城市水道建設的結果。在經濟上，在蘇聯的計劃經濟下，中亞主要作農業開發。只在二戰時，中亞作為整個蘇聯的大後方，為免陷敵，才把工廠遷來中亞。蘇聯要求烏茲別克斯坦和塔吉克斯坦大量種棉花，但棉花需要水，大量抽取河水種植，導致鹹海水量減少，瀕於消失，導致現在的生態災難。

在俄國－蘇聯統治期間，大量斯拉夫人進入中亞，包括俄羅斯、烏克蘭、白俄羅斯族。二戰時，則強制治下的德裔、遠東朝鮮裔移民到中亞。

俄羅斯人的教育程度和技術較高，蘇聯解體，五國獨立後，俄羅斯人大量遷出。五國面臨技術人員流失的問題。中亞仍然依賴俄國的人才、技術，甚至依賴俄國保護國防安全。經濟上也依重俄國，中亞農產品、資源

主要出口到俄國；在吉爾吉斯斯坦，每年有一百萬人去俄國打工，而吉爾吉斯斯坦人口不過六百萬。俄語在中亞仍然通行，而且是學習及貿易的重要語言，尤其是科學科目。文字仍然以俄文字母拼寫，只有烏茲別克斯坦改用羅馬字母。

有一項調查還說，中亞五國人民多列俄國為首要的友好國家，又熟悉俄國的情況。看來百多二百年的吞併，已使俄羅斯文化在中亞五國打上深深的烙印。

▲ 阿拉木圖在蘇聯時代建成綠化城市，水流處處。

今日中亞：
蘇聯解體後新國家的摶造

中亞五國的民族

去過中亞，可以感受到族裔之多。但見頭髮烏黑一片，鼻子卻高高低低，面目各不相同，有近於東亞的，有近於新疆的。黑髮裏偶然有金髮，大概是俄羅斯裔。

複雜的人種反映了這塊土地的複雜歷史。一民族一國家的歐式口號，在這裏是沒法落實的。

中亞五國的名字，我們太不熟悉了，往往叫不出來。其實五國是五個族的名字：哈薩克、吉爾吉斯、塔吉克、烏茲別克、土庫曼。其中哈薩克、吉爾吉斯、塔吉克三族也有住在中國新疆的，吉爾吉斯譯為柯爾克孜。五族之中，除了塔吉克族，說的都屬於突厥語族。塔吉克族說的是一種東伊朗語，他們跟突厥進入中亞之前的族屬有關。在這五個族名之後，加上

「斯坦」二字，就是國名。「斯坦」是土地的意思，哈薩克斯坦就是哈薩克人的土地。雖然如此，但絕不是說每個國家的國民就是這個族，實際情況遠為複雜。

中亞五國都是多民族的國家，往往上百個民族同在一個山上放牧，喝着同一條河水。中國歷史長、地方大，現在說有五十六個民族，好像很不少。中亞比中國小，但也是古老的土地，現在每個國家，都有幾十甚至上百個民族，而且互相都有別國的主體民族定居。

國家	民族數目	主體民族	其他民族
哈薩克斯坦	130 個	哈薩克族	俄羅斯、烏克蘭、烏茲別克、韃靼、德意志、維吾爾、朝鮮、白俄羅斯、阿塞拜疆、東干、摩爾多瓦、塔吉克、庫爾德、印古什、土庫曼等
烏茲別克斯坦	129 個	烏茲別克族	俄羅斯、塔吉克、哈薩克、卡拉卡爾帕克、烏克蘭、白俄羅斯、韃靼、土耳其、格魯吉亞、維吾爾、東干、德意志、猶太等
土庫曼斯坦	逾 120 個	土庫曼族	烏茲別克、俄羅斯、哈薩克、亞美尼亞、阿塞拜疆等
塔吉克斯坦	86 個	塔吉克族	烏茲別克、俄羅斯、韃靼、吉爾吉斯、烏克蘭、德意志、土庫曼、朝鮮、猶太等
吉爾吉斯斯坦	逾 80 個	吉爾吉斯族	俄羅斯、烏茲別克、烏克蘭、韃靼、東干、維吾爾、哈薩克、塔吉克、土耳其、阿塞拜疆、朝鮮等

▲ 中亞的孩子種族多元，從東到西的面相都有。

中亞的民族不少跟新疆的民族有關係。今天去到中亞的東部，吃麵條，吃餃子，吃大餅如饢，又看絲織，聽新疆風情的音樂舞蹈。中亞和新疆這種民族交錯、文化接近的關係，是自古存在的：從前定居民族在絲路上來往貿易，而遊牧民族在草原上更是來去自如。因此 1960 年代中蘇交惡，邊境口岸落閘，兩邊親人咫尺天涯，肝腸寸斷，其實不下於柏林圍牆和南北韓三八線。

中亞地大人少，但中亞各國的出生率及自然增長率長期都偏高，跟不發達國家相似，而失業率也偏高。

▲ 中亞吃餃子、麵條、餅食，甚至有薩琪馬。經過蘇聯統治之後，又引入西式飲食。

中亞五國的界線

中亞五國的國界是蘇聯斯大林時代劃定的，互相扣連，互相制衡，並不按自然地理或者民族、人文因素為分界。布哈拉和撒馬爾罕是自古伊朗語民族的文化中心，但沒有劃給講東伊朗語的塔吉克斯坦，而給了突厥語系的烏茲別克斯坦。吉爾吉斯斯坦有山脈分隔南北，北部的楚河（唐稱碎葉水）流域、天山廊道，與哈薩克斯坦南部的關係更大。一個費爾干納盆地分別屬於三個國家，而且如同鋸齒狀，又有很多飛地。飛地的居民未必是該國主體民族，但往往由該國主體民族管理這些飛地。

蘇聯解體，中亞大出意外，匆匆按原來的分界為國，又沒有了共同的政府，需要各自謀前路，於是糾結的國界和民族住地，製造不少後遺症。

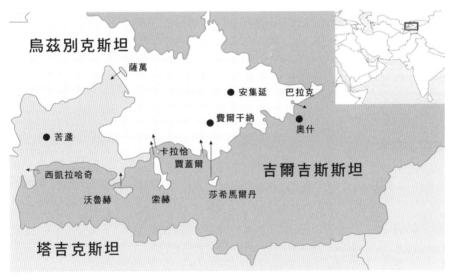

▲ 一個費爾干納盆地分別屬於三個國家，而且如同鋸齒狀，又有很多飛地。

國族意識的摶造

中亞五國獨立才三十年，地方大，人口卻少，民族又多，各國政府都要考慮怎樣增加主體民族的人口，同時又要處理國內不同族的關係。涉及

另有主權國的民族，也容易由國內問題變成外交問題。

如何減少俄羅斯人的離心，也是一大挑戰。居於中亞的俄羅斯人往往有俄籍，或者有親屬在俄羅斯，不難回流故國。俄羅斯人教育程度和技術都較好，因此普遍有種優越感，對中亞政府的管治效率和貪污不滿。在各國政府和議會裏，相對於人口比例，俄羅斯人的比例亦偏少，他們現在多在教育界或商界。

怎樣摶造有共同願景的多族國民，關乎中亞五國的前途。

哈薩克斯坦

主體的哈薩克族人口少，俄羅斯族則多數住在寒冷的北方。哈薩克斯坦因為有石油，經濟較好，失業問題不大，為了增加人口，加強主體民族，歡迎該族的人移入，給予種種好處。

哈薩克斯坦北方，與西伯利亞接界。住在北方的俄羅斯人，有自治、獨立或與俄國合併的意向，因此調和南北關係，穩定俄族國民，對哈薩克斯坦十分重要。政府因而決定遷都，由美麗的阿拉木圖，北遷到寒冷的阿斯塔那（Astana）。

吉爾吉斯斯坦

以楚河為界，北與哈薩克斯坦相望，但是楚河兩岸交通不難，反而在吉爾吉斯斯坦國內，南北方有大山阻隔。2017 年吉爾吉斯斯坦發生小雪災，氣溫大降，成了一條國際小新聞，那個災難之地，並不在北方，而是在分隔吉爾吉斯斯坦南北的大山。

北方與南方有矛盾。吉爾吉斯斯坦朋友說，雖然同說吉爾吉斯語，但南北各有方言，猶幸能互通。楚河流域屬於北方，首都就設在這裏。北方經濟較強，未免有點優越感，會取笑南方的方言。另外，南方多烏茲別克族，而且與中亞大國烏茲別克斯坦為鄰，烏茲別克族與作為主體的吉爾吉斯族，曾多次發生嚴重衝突。政治上，則要處理權力分配的問題，若北

▲ 像雪山似的高帽，是吉爾吉斯（柯爾
克孜）族男子的代表服飾。

▲ 盛裝朝聖山的吉爾吉斯婦女

方人做總統，則由南方人做總理。權力分配出問題，就會產生政治分裂。
2005 年鬱金香革命，由南方人推翻北方人總統；2010 年南方總統被罷免，
同時南部的聖城奧什發生兩族衝突。

　　為了加強主體民族的地位，吉爾吉斯斯坦定吉爾吉斯語為必修，但是
教材不足，而不是吉爾吉斯族的亦不願意學。中學分為俄語和吉爾吉斯語
兩種，非吉爾吉斯族的、要學科學的多選俄語中學，大學更多是俄語教學。

烏茲別克斯坦

　　烏茲別克斯坦在中亞是人口大國。中亞人口密集的費爾干納盆地，大
部分劃歸烏茲別克斯坦，河中地區的精華地，也屬烏茲別克斯坦，可以
說，烏茲別克斯坦的國土，覆蓋了中亞的絲綢之路。但是這些精華區，過
去在族屬和文化上，都與波斯有關，因此有波斯優勢的陰影。為了防備伊
朗的影響，烏茲別克斯坦要強調突厥的貢獻，強調帖木兒帝國。

▲ 烏茲別克婦女在奧什的聖山下野餐。

▲ 土庫曼斯坦是沙漠地區，男子愛戴皮裘帽。

塔吉克斯坦

塔吉克斯坦是中亞五國裏，唯一講伊朗語系語言的國家。國土主要在帕米爾高原，地勢高，山川阻隔，經濟困難，內部凝聚力不足。

土庫曼斯坦

國土主要是沙漠，又是世界第七大能源國，人口七成是土庫曼族，所以較為簡單，亦不懼自我鎖國。2003年土庫曼斯坦廢止雙重國籍，俄裔國民若選俄籍，會喪失在土庫曼斯坦的財產。

土庫曼斯坦與伊朗為鄰，雖然族屬、語言都不同，卻關係友好。

中亞五國關係

中亞五國裏，烏茲別克斯坦和哈薩克斯坦最以老大自居。

烏茲別克斯坦在兩河並流的流域，區內的撒馬爾罕、布哈拉一向為中亞的文化中心；該國人口三千萬，是中亞的人口大國。烏茲別克族分佈在多國，在中亞也是人口最多的一族。

哈薩克斯坦則面積最大，又有能源。蘇聯時代，佈置在中亞的核彈頭是在哈薩克斯坦，舊都阿拉木圖是蘇聯在中亞的重鎮。哈薩克斯坦的俄式歐化程度最高，經濟最好。

同樣有豐富能源蘊藏的土庫曼斯坦基本上閉關自守，退出前蘇聯各加盟共和國組成的「獨聯體」；聯合國也承認為永久中立國。因為毗鄰伊朗，所以獨跟伊朗關係好。

吉爾吉斯斯坦和塔吉克斯坦都受國土條件所限，經濟出路少。

中亞五國從前都在蘇聯之下，國與國的矛盾不會表面化。獨立之後，資源和發展上不免有競爭，有衝突，同時又要合作解決共同的問題。其中的大問題就是分配水資源和治理鹹海生態災難。

中亞是內陸氣候，降雨不足，水資源十分重要。中亞同時又是世界上重

要的棉產地，集中種植在烏茲別克斯坦和塔吉克斯坦。位處帕米爾高原的塔吉克斯坦經濟出路少，除了種棉花，就是依賴礦產資源出口和水力發電，因此積極修建水電站。

　　但棉花要大量用水，過去長期抽取河水，已經使鹹海水位大幅下降，造成中亞西部的生態災難，使國土及於鹹海的哈薩克斯坦、烏茲別克斯坦和土庫曼斯坦大受影響。建水電站也對阿姆河等的水量有影響，加劇鹹海的問題。因此鹹海治理和水資源分配，成為中亞各國要協商解決的重要問題。此外，中亞有地震災害，在高山上多建水電站，也令低地的國家擔心。

七

中國與
中亞民心

和平穩定的中亞夢

習近平提出的陸上絲路經濟帶，中亞非常關鍵。古代時，絲路的戲就從來不缺中亞的角色。今天講發展絲路，又怎能沒有中亞的份？日本和美國都曾向中亞提出施展新絲路的計劃。美國提出的，除了區域合作、技術援助，還計劃在中亞設學校，設獎學金，互換留學生。事實上，自從中亞五國獨立，美國就撥了不少資源，讓美國的大學開設中亞研究，培訓中亞語言文化的人才，金髮藍眼的美國學生講起哈薩克話、烏茲別克話、維吾爾話等等，流利條暢。

習近平的一帶一路倡議，講究五通，最後一通是民心相通。要「民心相通」就要不只着眼於生意，還要互相了解，有文化交流，中國早就接受大批中亞留學生，也有不少留學中亞的人才。

這一切，曾經管治中亞的俄羅斯，不會不看在眼裏。中國說一帶一路不是零和遊戲，因此把俄羅斯也納入絲路計劃，而且視為重要伙伴。

中亞人向來身段柔軟，古代周旋在各大強權之間，採取一種順應的態度。現代的中亞五國，也採取平衡外交，不得失任何世界大國或地方強國。這些夾縫生存術，在絲路新世界會怎樣發揮呢？

如果中美俄一起現身，到底中亞會更動盪，還是更和平呢？除了中亞本身，和平穩定的中亞對甚麼國家有重要性呢？

世人慣於看歐美新聞，愛把曾經行共產主義的國家視為威脅，但是比起位處另一大洲的美國，中俄與中亞土地鄰接，如果中亞動盪，恐怕渾水摸魚的機會抵不上火燒家門的損失。尤其是中國，跟中亞的哈薩克斯坦、吉爾吉斯斯坦、塔吉克斯坦三國相鄰，沒理由不想有一個穩定的中亞。

何況中國還有三方面考慮：一是中國需要中亞豐富的能源蘊藏，中亞能穩定輸出石油和天然氣，有利於中國經濟發展。其次，中亞也想發展，需要技術。軍事技術仰賴於俄國，而能源勘探、管道鋪設、建鐵路和公路等等，中國可以幫上忙。中國甚至在綠色農業、可再生能源方面，也想跟中亞多合作。最後一方面則不言而喻，穩定的中亞，可以削弱極端的宗教和民族思想。中國與中亞搞好關係，為中亞發展經濟出力，有連消帶打的作用。

對中國大西北，民族和宗教都是敏感詞，最忌極端伊斯蘭教思想傳播，以及以突厥斯坦為號召的疆獨分離運動。對中國來說，這兩者都是家門口的火種，背後又涉及不同國家的利益，搞不好隨時復燃而燒到自己身上。

民心相通，是深度的文化交流結果。新疆和中亞，文化本來接近，中國期望的民心相通，肯定不止於新疆與中亞相通，而及於中原各地的人，以至廣東、香港的民心與中亞相通。然而，文明古國、禮義之邦的形象，中國失落了，炫富粗魯的俗人文化昂揚。推動這民心相通的工程，如果不

先做好內部，結果會怎樣呢？中國富裕起來已十多年了，暴發戶也該懂得修養自己了吧？

　　一個和平穩定的中亞，對中亞和中國都是好事，不要被中國人自己砸了鍋。

中亞與絲路經濟帶

　　中亞位處如此關鍵處，有一幅如許複雜的畫面，中國的陸上絲路經濟帶藍圖，究竟會怎麼發展，中亞又有甚麼應對呢？

　　現在海運仍然佔世界貿易的大部分。但是對歐亞大陸來說，陸運未必輸於海運，尤其是俄羅斯在世界上的角色，跟漢唐時代的絲路不同，通往俄羅斯再轉運歐洲北部的通路不輸於東西向的通路。在這情況下，中亞的歐亞東西南北通途角色，又再冒起。如果一個「一帶一路」地圖，竟然見不到從中亞直接通到俄羅斯的路線，那就不是個準確的圖了。現在由成都、鄭州到歐洲的中歐班列貨運，就是經新疆過哈薩克斯坦入俄羅斯境到歐洲的，已經開通了一段時間了。

尋找出海口

　　自古以來，貿易是中亞的經濟命脈。有人說，絲路衰落，失去絲路貿易，令中亞失去重要的經濟來源，再也支撐不了大帝國。這個說法還可再議，明朝時海運已露頭角，而約當明朝的帖木兒帝國仍然繁榮。或許論者會辯說，那是「夕陽無限好，只是近黃昏」。

　　可以確定的是世界交通改道了，訊息的路向也隨着改變。處於內陸的中亞，與主宰時代潮流的海權國訊息疏隔。歐洲的工業革命訊息，經一番複雜輾轉才有望傳到中亞。雖然出海口不是唯一條件，因為有出海口的中國、印度和伊朗、阿拉伯一樣衰落了，不過，在海洋時代，沒有出海口也確實限制了與歐亞大陸兩端，以及美洲地區的交流。中亞五國都是內陸國

家，必須通過他國才到達海港，烏茲別克斯坦還需要通過兩個國家，才到達海港。

前美國國務卿希拉里從前提出的新絲路計劃是南北向的，不是東西向的，說是要連結中亞和美國在南亞的盟友印度和巴基斯坦，把中亞連結到出海口。

中國也提倡建一條中巴經濟走廊，北端起於新疆的喀什，南端到巴基斯坦的港口。喀什古時稱為疏勒，位處南疆，向來是絲路上的重要貿易地。而喀什地近吉爾吉斯斯坦，中國已經支援吉爾吉斯斯坦建了公路通到喀什附近的兩個山口。從吉爾吉斯斯坦到中亞的精華區費爾干納盆地，路已經很近。

不過中巴經濟走廊經過巴基斯坦的動盪地區，能否暢通，許多人還在觀望。巴基斯坦與中國極友好，巴基斯坦人普遍對中國有好印象，但調查顯示，對中國有好印象的巴基斯坦人，也會擔心中國的龐大人口威脅。

中亞對中國的疑慮

從香港去中亞，最不轉折的方法就是直飛哈薩克斯坦的前首都阿拉木圖。從阿拉木圖可以乘車過境去吉爾吉斯斯坦的首都，即是走天山廊道的絲路。車程不過四五小時。

但是這兩個國家的簽證是個問題。這裏可以做篇小文章。

拿香港特區護照的，去哈薩克斯坦好辦，免簽。吉爾吉斯斯坦卻難辦，香港特區護照並不免簽。而自由行者沒有旅行社幫忙，若要拿到吉爾吉斯斯坦簽證，實在頗費周章，而且費用不少。到你進了吉爾吉斯斯坦，到處一看，歐美加澳日本新加坡護照全部免簽，連韓國也免。泰國、印尼、菲律賓護照雖然不免簽，但是可以落地簽證，而香港卻連落地簽證也不能，必須正正經經地申請。香港沒有吉爾吉斯斯坦領事館，申請要去北

京。看着眼前來自世界各地的背包客，香港人自然會想，為甚麼？

在吉爾吉斯斯坦，俄裔司機開到開闊平順的路上，時常會說，這條路是中國援建的。向東去的路上，他說過一次。後來往南去的路上，他又說一次。我好生奇怪，向東的路通向中國，可以理解，怎麼中國會出錢建一條向南走的路？往南走，豈不是去了中亞和南亞嗎？司機說：「不是，會去了中國。」我一查地圖，果然，是去了新疆的喀什地區。這令我好奇，中國在吉爾吉斯斯坦是甚麼角色呢？採礦、修路等不用說，最令我嘖嘖稱奇的一次，是我們在南部城市奧什見到一個烏茲別克族婦女有一個漂亮的瓷碗，我也很想買一個。有一天，我們投宿在一處遠離首都的東部山區。主人家招呼我們吃下午茶，擺了滿桌食物，我於是順道拿出照片，問主人家哪裏去買那樣子的碗。主人家指一下滿桌的碗碟說：「這桌上除了食物，所有東西，無論瓷器、玻璃，全是中國造的。」我端起碗底來看，果然有中文字。中國之為世界工廠，不光在歐美如此，原來在中亞小國也如此。輕工業產品幾乎達到無孔不入的地步。

可是吉爾吉斯斯坦這個沒有太多資源、急於發展旅遊業的不富之國，不光沒有給香港免簽證待遇，當全世界都爭取中國遊客去花錢的時候，也沒有給中國免簽證待遇。

我回到哈薩克斯坦，在博物館遇到一個四川人，他是來工作的，大概是國企的員工。從他口中知道，哈薩克斯坦也沒有給中國免簽證或者多年簽證待遇。他們每過一陣就要重辦簽證，甚感不便。閒聊幾句，他對哈薩克斯坦的印象不錯，說哈薩克斯坦的教育水平高，人民很守規矩，活動過後，地上沒有垃圾。

中亞五國有三國跟中國接壤，哈薩克斯坦和吉爾吉斯斯坦是其中之二。而最北面的哈薩克斯坦，處在中俄之間，大搞平衡外交，哪一邊也不得罪，跟中國關係很不錯。一帶一路的構想，就是習近平在哈薩克斯坦宣

佈的，真是給足了面子。

那麼，為甚麼哈薩克斯坦不給中國免簽證待遇呢？我不讀國際政治、也不是外交家，從一個普通人的角度，有兩點或許中國人 —— 包括香港人可以想想。

1. 一長串侵入者之一？

歷來兵臨中亞的各路英雄多的是。當我們大談漢朝攻入大宛，得到天馬，打通絲路；唐朝開拓西域，疆土遠及中亞，中亞人又怎麼看呢？會不會聽在中亞人耳裏，中國就是一長串侵略中亞者之一？雖然現在中亞民族已大部分突厥化，早已不是當年的民族，不是當時的「受害者」，甚至自己其實是當年的「加害者」，但是歷史往往不知不覺間把土地當作人物。這筆歷史賬怎麼說得清楚？

我從小受的教育，都說中國人是愛好和平的民族。我想自宋以來，大受外族入侵之苦，千多年來，中國人確實渴望和平。所以中亞人認為中國對中亞有領土野心，很出我們的意料之外。我看到一篇文章說，由於日本沒有侵略過中亞，中亞人認為日本是有魅力、愛好和平的民族，令我啞然。我的祖、父輩受盡日本侵略之苦，少時親友鄰居中不少人仍抵制日本貨呢。不過，形象這回事，不是由自己定的，有甚麼好說呢？

不過，中亞的想法與其說跟古代史有關，還不如跟近代歷史的關係更大。俄國沙皇曾經大力宣傳黃禍論，說中國人口多，會移民和侵蝕俄國。同時，俄國東侵，佔去清朝大幅領土，也擔心中國要回。中蘇交惡時，蘇聯在接壤中國的中亞，大力宣傳負面訊息。蘇聯解體，從蘇聯獨立的中亞三國：哈薩克斯坦、吉爾吉斯斯坦、塔吉克斯坦，又擔心中國對原屬清朝的中亞領土有要求，因為現在的國界，是俄國東侵清朝的結果，因此留下不少邊界爭議。自從 1990 年代以來，中國牽頭組織了上海合作組織，經過許多談判，爭議基本上解決，應該是中國接受許多當年被佔的土地歸了對

方。不要以為泱泱大度就會得人心，中亞仍然擔心中國龐大的人口。甚至大量產品出口到中亞，中亞人一邊用，一邊形成經濟威脅之憂。中國企業在中亞探油挖礦，亦很容易被加上掠奪資源的罪名。

2. 英雄的對手

　　最近我發現吉爾吉斯斯坦跟中國還有一宗公案。吉爾吉斯斯坦首都的機場，叫做馬納斯。馬納斯是吉爾吉斯族的英雄，首都的廣場上有他騎馬的塑像。這傳說的大英雄來自該族一首不知年代的史詩，講馬納斯幾代父子相繼，怎樣抗拒大惡的 Khatan。

　　Khatan？那不就是契丹嗎！說契丹當然令中國人聯想到遼代。而遼朝被金人打敗之後，一支姓耶律的契丹王族確實逃到中亞，建立了西遼。然而契丹此名，在俄語裏也成了中國。就是說，宋代的漢人覺得被遼朝所侵，與契丹誓不兩立。但遼朝契丹人的名聲遠揚，與西方來往不少，在外地人眼中就是中國。不但如此，Khatan 又成了 Cathay，一而二，二而一。如果人家對號入座，看見 Cathay 航空公司，作點歷史聯想，我們豈不是成了馬納斯的對頭？你說冤枉不冤枉！

▲ 吉爾吉斯斯坦首都的馬納斯像

人民的眼睛對待內政時或許還有一點雪亮，但對待國際關係時就依稀模糊。歷史從來是有理說不清的，何況是涉及別國的歷史！

香港的便利

中亞對中國貨物有需求，但與中國友好的哈薩克斯坦給予日、韓、歐、美、加都免簽證，卻不給中國免簽，連工作簽證都要定期重新申請。能夠免簽以及直飛哈薩克斯坦的香港人，七個小時就能飛到中亞，沒理由把中亞看得過於遙遠。

絲路的中心古地如果要重佔世界貿易的一席，因海運而興起的香港，在歐亞大陸的陸路交通發展上，又是否值得有一個位置呢？

八

體驗筆記：中亞
• • • • • • • • • • • • •

天山下的阿拉木圖

　　阿拉木圖是哈薩克斯坦的舊首都，在該國南部，挨着邊界，再向南就是吉爾吉斯斯坦。

　　只要向南望，在阿拉木圖不少地方都見到雪山，而且不止一兩個雪峰，而是一列長長的、白雪皚皚的山。原來一個城市到處見到雪山，是一種很美麗的感覺。阿拉木圖沿着天山，成東西向長條形分佈。居民都愛住到雪山下面，房子沿山坡延伸。

　　這長長的雪山當地話叫做阿拉套（Ala Too 或 Alatau）。我問移居當地的哈薩克族朋友，阿拉套是甚麼意思。她說 Too 就是山；「Ala Too 的意思，」她想了一下說：「近於天山」。

　　事實上，天山是個山系，是多重的山，阿拉套是位於西部天山的北面、較低矮的一重山。我在阿拉木圖看見雪山上明月當空，按下一張照片的時候，就不期然想到李白的詩句「明月出天山」。哈薩克斯坦和中國、吉爾吉斯斯坦一起為絲綢之路向聯合國申請世界文化遺產項目，用的名義就

雪山腳下的阿拉木圖市

是「絲綢之路：長安—天山廊道的路網」。阿拉木圖是這個路網上的重鎮。

　　阿拉木圖位於唐代絲綢之路所經的地方。不過，你如果幻想阿拉木圖滿佈古跡，散發東方魅力，就會驚訝地發現，阿拉木圖的中心區竟然像歐洲城市。

　　現在的阿拉木圖是 19 世紀時俄國人建的，舊的絲路綠洲重鎮已經被蒙古軍摧毀。新城中有一條東西向的林蔭大路，仍然見到俄國人設計的筆直水道，以板築混凝土圍着。為了容易記得，我把這條大街叫「石水渠街」。由這條石水渠散出的小水道通到城中心區各街道，渠旁種榆柳，滿城綠蔭。5 月坐在街頭喝咖啡，一個榆樹的小小翼果飄飛到我的碟子上，十分詩意。再過兩周，又見滿城柳絮。

　　這個不夠兩百年歷史的城市，古老的建築要數東正教升天大教堂。所謂古老也不過是 1907 年所建。不過，請不要小看它。阿拉木圖在四分之一個世紀裏，經歷過兩次極強的大地震，曾達九級，第二次發生在 1911 年。那一次全市建築物都毀了，就是這個不用一口釘的木教堂留下來。飄着柳

絮、悠閒舒適的阿拉木圖，原來是地震和泥石流災害的易發地！

　　雖然蘇聯解體時，不少俄國人離開哈薩克斯坦，但曾在俄國和蘇聯治下的阿拉木圖，至今仍然很有俄羅斯味道。這裏的人都懂俄文；街道命名並不限於軍政大人物，還有不少文人藝術家，既有俄國的，也有本地的，據說中國音樂家冼星海也有一條街。街頭到處都是名人塑像，公園裏則有很多希臘羅馬式的雕塑。要知道哈薩克斯坦是個伊斯蘭教國家，按道理不應該出現人像，何況是裸體像！雖然這抵觸伊斯蘭教精神，但共產主義是主張無神論的，何況俄國和蘇聯的西歐化程度很高，因此這片中亞土地也很世俗化。街頭見不到多少包頭巾的女子，美容美甲的店鋪卻很多。阿拉木圖就是這麼奇妙的混合。我問愛美的哈薩克族朋友，街頭巷尾那麼多雕像，不是違反伊斯蘭教規嗎？朋友立即舉起手機和我們來個自拍，說：如果這樣，自拍也犯規了！

建於阿拉木圖的東正教升天大教堂

講到這裏的西化，不能不提咖啡館。城中咖啡館滿佈，咖啡和西式餅食出乎意料地好，連裝修也精巧舒適。我光顧過的其中一間，沒有拉花的泡沫咖啡，一呷，溫柔細膩，咖啡味卻又豐郁無疑；三明治的各種材料比例恰當，厚薄適中，沙律醬如蜻蜓點水，落在剛剛需要的位置。在咖啡店外的小座旁享受完鹹食，正要吃蛋糕，語言不通的服務員從店裏出來，用托盆遞上甜餅用的叉子，周到窩心。我們要了兩件蛋糕，先吃樣貌正常的芒果芝士，果然香味濃烈，微帶果酸。輪到紅綠白三色混搭的另一件，其貌有趣而不揚。沒想到一口下去，口感清淡，卻不怕此前芒果芝士的鋒芒，在清淡中逐步釋放質感和味感：綠色開心果蛋糕在白滑的忌廉陪伴中，再流露紅莓醬的鮮味。層次！我想起這個詞。啊！太難了，要在清淡中顯層次。

這家咖啡麵包店還不是網上那些十大受歡迎咖啡店呢。那些十大店，我經過兩三家，沒進去，我還是愛我們發現的小店。

這麼高水平的西點和咖啡文化，不是一兩天培養得出來的。如果以為阿拉木圖的咖啡是蘇聯解體之後的歐風洗禮，那就錯了。原來是蘇聯時代傳入阿拉木圖的。這個答案令我好生不明。俄羅斯人的國飲是茶，怎麼會在鐵幕緊閉時傳來咖啡呢？

據說前幾年，市內的電車上還有咖啡座車廂。可惜一兩年前發生了一宗意外，電車竟因此停駛了，空餘路軌在地上，沒留下咖啡香。

李白生在這裏？

哈薩克斯坦南部和吉爾吉斯斯坦的風光，很像北疆，因為大家都是天山沿線的風景。除了看不到中文字，這一帶的雪山松林、羊馬氈帳，處處令人想起新疆。

哈薩克斯坦南部和吉爾吉斯斯坦本來一體，在蘇聯時代史太林手指一

除了食物好咖啡好，阿拉木圖咖啡館的佈局和裝飾質素也高。

劃，現在就隔着一條河，叫做楚河。這是後來的稱呼，唐朝的中國人把這條河叫碎葉水。熟讀中國文史的朋友，想起了甚麼嗎？當然是唐代安西四鎮的碎葉城！還有李白的族人曾因罪流放到該地的歷史。

自從郭沫若、陳寅恪等提到李白生於碎葉城的可能性，碎葉城之名就大起來了。婦孺皆知的天才詩人李白，當然比唐朝疆域最西城市的名聲響亮。

網上說擁有碎葉城的吉爾吉斯斯坦正與四川一起籌建李白城以吸引中國遊客，我去到當地，沒見到甚麼動靜。吉爾吉斯斯坦根本不向中國開放免簽入境，建李白城來吸引中國遊客的講法，到底有多真實呢？其實，李白生在吉爾吉斯斯坦的講法，也不見得真實。

我們在吉爾吉斯斯坦遇到的中青年人，感嘆國小民窮，工作機會少，都想投身旅遊業謀點發展。吉爾吉斯斯坦人口只有六百萬 —— 你沒看錯，是六百萬，比香港少。如果要吸引中國遊客，以十三億的人口大國，足夠創造很多職位。但我怕中國十三億人一動念，吉爾吉斯人三頭六臂都應付不來。到時各地遊客跑光了，只剩中國客，怎麼辦？對中國龐大人口的疑慮肯定是中亞國家沒說出口的話。連跟中國向來好關係的巴基斯坦，也對中國人口多忌憚三分呢。幸好吉爾吉斯斯坦太像新疆了，中國人可能反過來想，遊新疆就夠了，何必出國呢？

吉爾吉斯青年的憂鬱

吉爾吉斯斯坦有雪山流水，空氣清新，首都雖然小，卻是中亞有名的綠化城市，閒時開輛車，一兩小時就去到有山地有森林的國家公園，再遠一些，可以去伊塞克湖度假。我遇到的吉爾吉斯青年和俄裔中年人，都愛這樣舒適美麗的生活環境。但是吉爾吉斯斯坦國小，工作機會不多，為了賺錢，每年春秋二季，有一百萬人自南而北，到俄羅斯打工，然後又自北而南，回鄉度冬。背包客在吉爾吉斯斯坦旅行，要搭便車來往南北，竟然也受這打工潮影響。春季是由南去北的車多而便宜，秋季則相反。

於是我在吉爾吉斯斯坦，遇到的青年多是投身旅遊業的。有一個家裏經濟條件不壞，在中國留過學，主修國際貿易，能講俄、英、中文，還努力學土耳其話，很適合在吉爾吉斯斯坦的外資機構工作。外國公司到吉爾吉斯斯坦，以採礦為多。青年曾經在這些外國公司工作，但是礦場多在山區，山野間生活枯寂，青年不喜歡，又回到人多但不擠迫的城市。只是到了郊外，他又會大嘆清新美好。另一個已有相當工作經驗，是中層的管理人員，打扮入時，思想成熟。跟我們一同住蒙古包，說是學習體驗各種旅行方式，同時感嘆旅遊業之外，沒有甚麼出路。

我在香港遇到的吉爾吉斯青年，則多是理科尖子，拿獎學金留學。家裏不止他一個留學生，他還計劃把弟妹弄出來。我想也是出路的問題吧。

中亞各國多被人詬病獨裁，不少終身總統，又培養家人接班。吉爾吉斯斯坦最不獨裁了，自獨立之後，實行議會民主制度，已經發生過兩次革命，換過多個總統。有一個總統還是有名的物理學教授，憤怒的國民在首都街上示威，他心知形勢不妙，竟能保持學者風範，叫軍警不要鎮壓，自行出亡俄羅斯，避免了一場流血事件。吉爾吉斯人憤怒過了，革命過了，推翻過了，接着下來做甚麼呢？在首都的美術館，有一幅油畫創作，三個吉爾吉斯斯坦總統，分別向俄羅斯、白俄羅斯等三個外國元首下跪。青年向我們說明這幅畫的意義時，大概也感無奈。

隔河另一邊的哈薩克青年，又是另一種煩惱。他們從新疆移居哈薩克斯坦，都有工作，但未入籍。在阿拉木圖工作雖然也忙，而閒適的環境很讓他們愜意。他們所猶豫的，是該在年輕時回去有活力的中國拼搏，抑或留在哈薩克斯坦舒舒服服過日子，了此一生。

喜慕自然閒適，可以到甚麼地步呢？我們開車去看阿拉木圖的動物岩畫世界文化遺產，那地方比較遠，只有一個老頭守着那片荒山野嶺。哈薩克青年司機是個飆車高手，中俄哈語都講得流暢無比，看着空蕩蕩的山谷，竟然說不想回去了，這就是他的理想生活！

兩族中亞青年，兩種不同的前途煩惱。

高山上的熱海：伊塞克湖

深藏在北疆阿爾泰山的喀納斯湖風光旖旎，但是跟絲路上的伊塞克湖比起來，就小巫見大巫了。

這不是貶低喀納斯湖，只是伊塞克湖實在巨大而美。它在吉爾吉斯斯坦，被天山山脈包圍，是僅次於南美的的喀喀湖的世界第二大高山湖。面

積達六千多平方公里，比香港總體面積要大五六倍。開車繞湖走一圈要兩三天時間。

這個湖在唐代已為中國人所知，稱為熱海或大清池，唐代三藏法師取經時曾經到訪，邊塞詩人岑參也寫到它。叫熱海，因為這個被雪山圍繞的大湖終年不結冰，據說它的今名——伊塞克湖，也是溫暖的湖的意思。伊塞克湖湖水很深，因此顏色湛藍，無論甚麼角度，總見到一列雪山作北景，山間雲霧繚繞，初看分不清是雲是雪。有時遠遠的湖面與湖岸交接處，還泛起一線白光，真是名副其實的湖光山色。

到伊塞克湖來遊覽的人，有些來度假，有些來爬山。湖的北面人煙較密，有好幾個城鎮，又背靠雪山，可以遠足。來休閒度假的，會找間房屋住上幾天。事實上，歐美各地來吉爾吉斯斯坦的旅客，很多以遠足行山為目的。吉爾吉斯斯坦的山地景色風貌很似新疆，杉林、群馬、清澈的急流，自然景色壯觀。北岸也是人文風景集中的地方，喬爾蓬阿塔（Cholpon Ata）是重鎮，從前還有個機場，但久已荒廢，我們愛玩的司機開車在舊跑道上奔馳。附近有個 Petroglives 露天岩畫博物館，滿地是刻畫了動物岩畫的石頭。

最奇特的景點是 Ruch Ordo 文化中心，裏面有小房子介紹世界各大宗教，每個宗教一間；又有世界許多文學家、思想家的塑像。中心靠着湖，風光甚佳，只是奇特的建築物令人生時空錯雜之感。據說文化中心的構思來自蘇聯著名作家艾特馬托夫（Chingiz Aitmatov）。他是吉爾吉斯人，以俄語和吉爾吉斯語創作。不過文化中心在艾特馬托夫去世之後才興建，究竟跟他的想法吻不吻合，不得而知。

伊塞克湖邊另一個重鎮是卡拉科爾（Karakol），是州的首府，在湖的最東面。這個城市歷史不長，名字來自俄國的學者。卡拉科爾聚集了不少要攀山的遊客，因為由此往東，在中國和吉爾吉斯斯坦邊界附近，有不少

伊塞克湖，唐時稱為熱海。

雪峰，有些達七千多米。

　　伊塞克湖南面人煙較少，湖邊偶然有些房子，沒有被人圍起的湖邊，往往是長滿有刺植物的荒地，閒躺着牛隻。湖的南面有兩處獨特的地貌：靠東的山谷有幾座小山，由紅色的沉積岩構成，被稱為七牛岩。其中一座挺拔向上的紅色巨石小山，從中間破為兩半，被稱為心碎石，當然也就少不了愛情故事的傳說了。靠西的峽谷則顏色多變、地貌怪奇，有如處身神話國度，因此從俄語意譯成了童話谷。

　　如果繞湖一圈還意猶未盡，想住一下蒙古包，那麼離開湖區之前，可以找營地住蒙古包。蒙古包並不建在草上，而是在沙石地上，包裏的佈置

也不切合真正的遊牧人家。不過，對於只想粗略體驗蒙古包風情的遊客，也是一次經歷，畢竟這裏有水有電有洗手間，不像當年我在天山哈薩克人家那種原汁原味：在蒙古包裏跟小牛同睡，聽着包外守門犬狂吠，早上起來，用冰冷的河水漱口，牙關打戰，精神煥發。

唐風何在：河中地區的絲路遺痕

唐朝時，中亞還是波斯文化浸潤之地。唐朝瀰漫波斯之風，胡姬壓酒的情景南北都可見。這波斯風尚固然由強大的薩珊波斯王朝所散播，而中亞作為二傳手，也有重大角色，許多所謂的波斯影響，很可能是經中亞改造輸出的。

唐朝又是西向開拓的時代，像美國謳歌牛仔蓬車開發西部一樣，唐朝詩人的邊塞詩也十分出色。唐朝的西向開拓，最遠去到中亞今天天山廊道的地方。更往西，則河中地區的邦國幾面討好，向唐朝也自稱屬國；不少人到唐境做生意，或者舉族移民。

我想到中亞找唐朝與中亞交往的痕跡。在更遠的伊朗，也偶然閃過似曾相識之感，那麼中亞就應該更感相干了。

在中亞，我們看了很多清真寺。這些清真寺基本上都是蒙古來過之後的，建築時間雖然不早，但是許多都顯得殘破，連霸主帖木兒建在撒馬爾罕的清真寺也不例外。帖木兒的清真寺巨大高聳，但雜草叢生，裏面更顯荒涼，琉璃磚大都剝落。撒馬爾罕畢竟是中亞大都會，留下巨大的雷吉斯坦廣場和連成長街的伊斯蘭墓城，很有氣派。廣場兩側有美麗的清真寺，可惜外表瑰麗，走入裏面，還是破落未修的局面。

論體量，中亞的清真寺甚至比伊朗的更雄偉，但精緻不及，可能過去的輝煌面目已被時間摧毀了。是中亞經濟不振，無力維修嗎？但伊朗亦長期受美國經濟制裁啊！是蘇聯時代以宗教為精神鴉片，所以讓清真寺荒廢

嗎？但是俄羅斯還留下很多精美的東正教堂呢。是歷史多彎，長期受戰火摧殘嗎？

絲綢之路名氣雖大，但是歷史的沖擦力更大，連幾百年歷史的清真寺都歷盡滄桑，中國與這片絲路的交往遺痕，更有如留在沙地上的鴻爪，比在雪地上的還難尋。

不過，在塔吉克斯坦邊境，古代屬於撒馬爾罕地區的地方，我們去了片治肯特遺址，那裏發掘出很多阿拉伯帝國入侵之前的建築，有很多壁畫。不過，發掘的成果不少去了俄羅斯，現場只展一些粗糙的複製畫。在這裏，我確實見到一些唐代文物上見過的衣飾，不過那些大翻領衣服與其說是唐的，更應該說是中亞風的，是中亞留在唐代的痕跡。倒是從中亞回來後，我讀有關片治肯特的研究文章，文中附了一些貴族婦女的線圖。歐洲研究者看着那些低胸裙，說不知道這些衣服哪裏來，不是中亞的服裝，倒像是法國路易十四時代的婦女衣服，把我笑翻了。熟知唐朝的人一看，都知道她們是唐朝貴婦呢！

沙漠中的絲路：百聞不如走一趟

看古代遊記，中亞給我的印象就是沙漠。

東歐記者卡普欽斯基描寫中亞沙漠的一段文字，詩意而睿智：「一個活得夠久、鬍子灰白的土庫曼人甚麼都知道，他腦袋裏充滿智慧；他的雙眼讀過生命之書，得到第一隻駱駝時，他學到了何謂財富；第一群羊死掉時，明白了貧窮的不幸。他看過了乾涸的水井，所以知道何謂絕望；他也看過了滿滿的水井，因而知道喜悅的滋味。他知道陽光帶來生命，也知道陽光帶來死亡。真正了解這道理的歐洲人，一個也沒有。」土庫曼斯坦屬中亞五國。我以為去烏茲別克斯坦，就是去見識這樣的中亞。

中亞不是個吸引當代旅人的地方，對現在的中國人，中亞這片亞洲內

陸腹地聽起來陌生，我說去中亞的烏茲別克斯坦，朋友都問：「中亞在哪裏呀？」他們以為我沒好地方去了，竟然想去這麼一個地方。「烏甚麼黑？」許多人連複述國名都有困難。

我多年來老想着要去中亞，因為那裏的沙漠綠洲早就和中國有來往。中國人第一次大規模向外探索，就為了大宛的汗血馬而勞師遠征，那是漢代。中國人第二次大規模向外發展，還納部分中亞入版圖，那是唐代。中國透過中亞知道了佛教，學會了喝葡萄酒，陶醉在節拍明快的歌舞中；而中亞也因為中國而學會絲織，學會造紙。

中亞的面積很大，就是狹義的中亞 —— 今天所謂中亞五國也不小。我只是去其中一國叫做烏茲別克斯坦的。它的面積和黑龍江省差不多，但是呈長條形。長伸的土地與中亞最大的兩條河 —— 阿姆河和錫爾河平行而行。兩河自東向西，流入鹹海，在北的錫爾河流出了烏茲別克斯坦國境，在哈薩克斯坦的草原長驅直進，才入鹹海。在南的阿姆河則主要在烏茲別克斯坦淌流。兩河之間的河中地區是中亞的核心，其中阿姆河流域是中亞和中原最相干的部分，因為這裏是絲路。

阿姆河滋養過絲路，流入鹹海，我們的旅程也就從鹹海所在的花剌子模省，逆河而上，自西向東橫穿烏茲別克斯坦。世居於鹹海附近的花剌子模人曾經向東發展，據說成吉思汗作第一次西侵就是與花剌子模衝突激發的；中部去撒馬爾罕和布哈拉 —— 粟特城邦裏最大的康國和安國，安國是搗亂唐朝的安祿山的祖國；由撒馬爾罕去布哈拉中途，還不漏掉扣口的沙赫里薩布茲 —— 粟特的小城邦史國，與安祿山同叛的史思明的祖國，也是中亞霸王跛子帖木兒的出生地。明朝時，這個突厥化蒙古人幾乎兵臨中國，幸好在行軍途中未到新疆就死了。然後從首都塔什干 —— 粟特小城邦石國，往東去費爾干納 —— 大宛，也是錫爾河的源頭。以這樣大包圍的絲路行程，我以為會見到很多古絲路的痕跡。

由花剌子模去布哈拉，要坐七個小時車，導遊擔心嬌慣的香港人受不了，反覆強調那是寸草不生的沙漠，中途沒有地方好好吃東西。我見識過新疆，我想我明白沙漠這回事：不就是連綿的沙海和荒漠，然後偶然一個綠洲？自古的遊記，令我認為中亞也是這樣，一個大城市就是一個綠洲，城市之間，盡是沙漠。

沒料到河中絲路地區，是不一樣的沙漠。它的「簡單」地理讓我開了眼界。

花剌子模省雖然有鹹海，卻是烏茲別克斯坦最像沙漠的地區。基華古城位列世界文化遺產，位於花剌子模綠洲，卻是一片黃色，黃土城牆黃土房子，只在腰身圍了窄窄一圈藍磁磚做裝飾。天氣清朗，沒有刮風沙，但是逛完半日，我的頭髮全打了結。離開基華古城，汽車沿路東行，很快就從綠洲進入沙漠，沙堆上還有固沙方格，防止沙漫到公路上，很有中國大西北沙漠的樣子。但是黃沙上始終長着細草，時密時疏。密的時候，草與黃沙共分天下。七小時車程的尾聲，接近布哈拉綠洲時，已是一片塞上江

靠近鹹海的花剌子模地區的沙漠

南的景象。田疇之間又夾雜着草原，植被比蒙古高原還厚，翠綠的草地上還長了大片大片艷紅的罌粟花。最美麗的一片罌粟花地上，雜了淡紫的薰衣草，當地人在火紅翠綠與輕紫的野地上聚餐。

幾乎毗鄰的綠洲容納下大城市塔什干、布哈拉和撒馬爾罕，以及許多小一點的城市。這些綠洲的原住民，漢代稱為粟特人，今天粟特（Sogdian）這個地名還在。這些綠洲是河中地區的沃土，各個城市都濃蔭蔽天，樹木比香港的還高大，綠草如茵。路邊小房子種着鳶尾花，深紫花瓣藏了鵝黃的花心，大如碗口。布哈拉城裏，大群小鳥在藍天上繞圈飛翔，成了獨特的城市景象。古城有一條街巷，闊可容車，一排大樹，可謂濃蔭。黃昏，鳥聲喧鬧，大概是在高樹深處棲集，呼朋喚友。路的一邊是一列矮房子，門庭很小，偶然種巨大的紅玫瑰，枝繁葉茂，可以充作兩家的樊籬。門口的桑樹上垂着串串白色桑椹，兩個出來打水的婆婆路過，教我們摘桑椹來吃，頗清甜。這樣的生活環境，真不枉了中亞藝術之都的美名。甚麼人能住在這個美好的古城住宅區呢？富豪大概嫌它小，貧戶怕又難有這種閒情，只羨煞我這個受貴地價煎熬的所謂中產的城市人。誰想在失了色的絲路，在落了伍的古國，還藏着這麼綠的洲、這麼簡樸適意的家園呢。到底甚麼是貧窮？甚麼是富裕？世間到底追求怎樣的生活，這一下人也迷亂。

原來這也是中亞。原來這就是絲路中亞。每一段絲路的存在，原來都有理由。

中亞夾在新疆和伊朗之間，像兩地一樣，有人工開鑿引雪水的坎兒井，但是依賴不深。因為這裏是河中地區，阿姆河無聲潤物。

車行在沙漠中曾經跨越阿姆河。它的河面寬闊，據說水流量有黃河的一半。荒涼的大地上流着沉默的大河，畢竟令人肅然，可惜大河嚴禁拍照。過河前早早有鐵絲網架起禁區的陣勢，橋前還有士兵把守。阿姆河果

然是這片沙地的命脈。因為有兩條大河，蘇聯曾經讓中亞種植供應整個歐亞大聯邦的棉花，結果耗去了大河的水，令鹹海縮小，造成一場生態大災難。

中亞的黑、紅兩大沙漠，面積逼近青海省。最大的黑沙漠確是寸草難生，第二大的紅沙漠，卻雜有這麼一片豐沛的水土，長着纍纍的果實和莊稼，養着人口不少的綠洲城市，又剛好橫亙在東西往來的十字通衢上，交換着中原、印度、伊朗和羅馬的寶貨。人世間不缺想佔得此地的野心家。古往今來，這裏的爭奪戰可稱慘烈，終於千年以上的遺跡深埋地下，百年計的清真寺也殘破頹唐。跛子帖木兒建的美麗花園，到巴布爾的時候，才不過一百年，已淪為廢墟，只存名字。開創莫臥兒王朝的巴布爾未轉戰印度之前，曾在 1496 年攻下撒馬爾罕。這是中亞最繁榮的城市，但是巴布爾軍隊艱苦圍城七個月終於得到戰利品後，不久卻貧困不堪，開始逃亡。因為戰利品很快就耗盡了，而戰爭的破壞程度，竟達到居民缺少種子糧需要貸款的地步。巴布爾也感嘆說，這種地方還有甚麼可搶呢？而撒馬爾罕外圍已投降的地方，沒有遭到搶劫，因為久經蹂躪和破壞的地方已經沒有東西可供搶劫了。

大河為中亞帶來生氣，也叫它付出沉重的代價。

當我在中亞文藝之都布哈拉的市集巷口閒坐，幾乎忘記身處沙漠包圍的時候，突然一陣狂風刮起，掀翻桌椅，行人狼狽走避。我們跑到幾十米外的清真寺，躲入窩進式的大門口，才算避過狂暴的風沙。看來這裏雖然抗沙經驗豐富，綠洲生活美好，但沙暴也偶然提醒世人別太狂傲。這片沙漠還為中亞貢獻當世經濟命脈的燃油，當絲路衰落後，燃油又成為這土地生出的瑰寶，很多外國的探油人員，包括中國的，在這裏以提供技術為餌，換取石油開採和供應。

沙漠仍然存在，無論你記得與否。

第三章相關大事表

年份	中國	事件
—	—	南部河中地區主要是粟特和花刺子模等伊朗語民族；北部草原地區主要是塞人（斯基泰人）。
前 521－前 485 年	春秋	波斯帝國入侵及佔據中亞南部綠洲及山區。
前 330 年	戰國	希臘阿歷山大東侵直到印度河流域。
前 312 年	戰國	希臘部將於敍利亞建立塞琉古王朝，盛時治及中亞粟特及巴克特里亞地區。
前 176 年、前 174 年	西漢文帝	大月氏數被匈奴所敗，西遷中亞草原，塞人被迫南遷。
約前 129 年	西漢武帝	張騫第一次通西域，抵達大宛，由大宛幫助到康居、大月氏、大夏（巴克特里亞）。
前 102 年	西漢武帝	漢侵大宛（費爾干納），殺其王。
45－250 年	東漢	大月氏在印度河流域建立貴霜帝國，盛時勢力達到中亞阿姆河，西達裏海。
91 年	東漢和帝	漢擊敗北匈奴，北匈奴西遷到伊犁河流域。
2 世紀	東漢晚期	北匈奴再受漢打擊，西遷到錫爾河，迫使中亞草原的遊牧族南走，進入農耕地區。
4 世紀	東晉十六國	嚈噠（白匈奴）興起，控制中亞。
556 年	南北朝	西突厥與波斯聯手攻破嚈噠首都。
568 年	南北朝	西突厥接受粟特商人遊說，擬繞過波斯，賣絲給東羅馬，於是派使團到君士坦丁堡。
640 年	唐太宗	唐設都護府管轄安西四鎮，其中一鎮是中亞的碎葉。
654 年	唐高宗	阿拉伯軍首次進兵阿姆河北。
657 年	唐高宗	西突厥亡於唐。
約 705 年	唐朝	阿拉伯帝國入侵中亞河中地區，此後多次入侵，並強制信伊斯蘭教。
751 年	唐玄宗	阿拉伯帝國敗高仙芝於怛羅斯，唐勢力退出中亞。
8 世紀後半	唐朝	吐蕃入侵中亞南部。
874－999 年	唐－宋朝	波斯貴族建立信奉伊斯蘭教的薩曼王朝，定都布哈拉，是中亞文化復興期。
10－13 世紀	宋－元朝	突厥人從草原南下，進入中亞綠洲，建立多個王朝，中亞開始突厥化。

年份	中國	事件
1124 年	北宋徽宗	金滅遼，遼貴族耶律大石西走。定都中亞的布拉納城，史稱西遼。
1219 年	南宋寧宗	中亞的花刺子模國殺蒙古商人，成吉思汗報復，揭開蒙古西侵序幕。
13 世紀中	宋－元朝	蒙古建立四大汗國，中亞土地分屬察合台汗國及欽察汗國。
1383 年	明太祖	突厥化蒙古人帖木兒於中亞崛起，軍事擴張，震動歐亞。
1507 年	明武宗	突厥蒙古貴族昔班尼領突厥烏茲別克部南下，滅帖木兒帝國，稱布哈拉汗國。
16－19 世紀	明－清朝	布哈拉汗國據有河中，由布哈拉汗國分裂出的浩罕汗國據費爾干納，哈薩克汗國據草原，時相攻戰。
1860 年	清咸豐	俄國入侵，佔領中亞大部分地區。
1895 年	清光緒	英俄簽訂協議，劃定兩國在帕米爾的勢力界線，劃出狹長的地帶分隔兩國勢力，是為瓦罕走廊。
1916 年	民國	第一次世界大戰，俄國徵兵，中亞反抗，爆發 Basmachi 運動。
1917 年	民國	俄國發生革命。Basmachi 運動與蘇聯紅軍作戰，戰爭持續近十年。
1991 年	共和國	蘇聯解體，中亞五國獨立。

本章參考資料

· Frye, R. N., *The Heritage of Central Asia: From Antiquity to the Turkish Expansion*, Princeton: Markus Wiener Publishers, 1996.

· Laruelle, M. and Peyrouse, S., *The Chinese Question in Central Asia: Domestic Order, Social Change and the Chinese Factor*, New York: Columbia University Press, 2012.

· Rashid, Ahmed., *Jihad: The Rise of Militant Islam in Central Asia*, New Haven: Yale University Press, 2002.

· 〔印〕巴布爾：《巴布爾回憶錄》，北京：商務印書館，1997 年。

· 徐海燕：《綠色絲綢之路經濟帶的路徑研究：中亞農業現代化、鹹海治理與新能源開發》，上海：復旦大學出版社，2014 年。

伊。朗。的海陸絲路角色

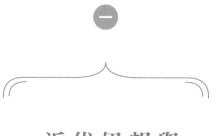

近代伊朗與
中國的同感

「一講到中伊關係，很快就會聽到一大堆關於古文明、千年友好交往、同受西方欺壓等等的詞彙。亦會聽到如何尊重過往的相互影響。」一個研究近代中國伊朗關係的外國學者說。

這個說法離事實不遠。兩國近代的命運差不多，而古代的中國和波斯也確實有很多共同點，也有密切交往。自從漢朝張騫派副使與波斯建立外交關係以來，兩國沒有打過一次仗。波斯的影響力也很大，除了把唐朝人迷得目眩，連藏傳佛教的天葬也來自波斯。

但是伊朗（或波斯）跟中國也有大分別。波斯是遊牧人建立的國家，波斯帝國幾個大王朝都與遊牧人有關。從中國歷史的經驗，我一直以為定居是文明的條件，遊牧民族很難發展文明；伊朗高原上的文明卻是定居與遊牧混雜的，漢朝使節所交往的安息帝國（帕提亞，Parthian），是伊朗人建立的遊牧人大國。伊朗歷史進程的核心，似乎不是遊牧民族與定居民族

▲ 安息的王子像。安息今譯為帕提亞。

▲ 古時波斯戰士的形象

的衝突，這是大異於中國歷史之處。波斯帝國的軍事性和移動性，也跟中原王朝有別，君主時常親自領兵打仗，不是長居深宮，首都也不止一個。中國人以為定居農業國家創造出文明，波斯的經驗告訴我們，人類的經驗各有不同。

　　伊朗跟中國的相同處，是作為持續的古文明，發展到今日，而且帝制維持很長時間。雖然伊朗亡國很多次，但文化沒有中斷，而是變身。作為位處西亞的持續古文明，伊朗是兩河文明的後繼者、早期伊斯蘭文明的養份供給者，同時是陸上絲路的重要商貿國，在海上絲路也有重要席位。

絲路上的
伊朗

在絲路貿易上，中國、波斯是主角。中國沒賺甚麼錢，主要是輸入新訊息、新物資；波斯則是大賺轉口貿易費，在阿拉伯帝國滅掉波斯之前，中亞商人和羅馬多次想要突破波斯的壟斷，都不成功。而同樣有地利的印度又沒想大做這筆生意。

從有中國參與的絲路 —— 亦即首尾完整的古代歐亞貿易路來說，波斯以它的海陸兩路的地利，長期活躍，甚至處於壟斷地位。

從西段的絲路來說，波斯和羅馬的貿易或商戰，在當時世界大局是重要的環節。羅馬為了突破波斯的陸上壟斷，甚至結合東北非的國家，企圖繞紅海走海路去印度。但長途出擊，還是過不了控制波斯灣的波斯，最後並不成功。兩個強國爭奪印度洋航運，不光為中國的貨物，也為印度和東南亞的貨物，尤其是香料。羅馬有沒有成功突破過呢？據中國史料記載，166年有一個號稱大秦 —— 即是羅馬的使者經海路到中國。不過，是不是

真的羅馬使者，大家有點懷疑，何況之後也後繼無人。唐初，阿拉伯帝國興起，波斯滅亡，而東羅馬的勢力亦大衰。但吞併波斯而繼起的阿拉伯帝國，以及在阿拉伯帝國擴張之下獲益的突厥人奧圖曼帝國，仍然扮演跟波斯接近的角色。而歐洲各國為了繞開這中間的阻梗，因此大力開發海路，以致有葡萄牙的航海時代和西班牙「發現」美洲，幾百年後，害得印度和中國這兩個絲路商品來源地無端被侵略。所以老子說「禍兮福所倚，福兮禍所伏」。人壽百年，歷史的長期變化，個人以至一個時代的人都是難以預知的。

雖然波斯在絲路上扮演轉口貿易壟斷者的角色，但我們不可以忽略波斯本身的地位。如果沒有相當的實力，它也沒有能力長期遮斷東西交通。

今天去伊朗旅行，第一次去的，大多去伊朗高原中部的伊斯法罕（Isfahan）和設拉子（Shiraz），使我們誤以為波斯帝國勢力的重心全在南面。伊斯法罕和設拉子當然重要，尤其設拉子和附近地區是波斯第一個帝國（阿契美尼德王朝）的發源地，留下兩個首都，是旅遊熱門景點。波斯

▲ 本來用作馬球場的伊斯法罕廣場。伊斯法罕是薩法維王朝的首都。

波里斯的宮殿，實在令人大開眼界。而阿歷山大一把火燒毀了它，也令這個宏偉的遺跡添上傷感的色彩；伊斯法罕則有許多美麗建設，有「伊斯法罕半天下」的諺語。但波斯第一帝國崛起於此，卻不限於此，波斯波里斯只是儀式性的首都，帝國另有兩個首都在北面，而且以在今伊拉克的巴比倫最為重要；至於伊斯法罕成為首都，大力建設，其實是因為 16 至 18 世紀的薩法維王朝（Safavid）打不過奧圖曼帝國，於是把首都由北面的大不里士，改去南面的伊斯法罕。

▲ 波斯第一王朝的首都波斯波里斯，面積頗大，圖為百柱殿遺跡。

絲路的主幹道是通過今天伊朗的北面的。那兒是爭天下的地方，波斯最強盛時代的三個王朝，首都都選在北部，如今天伊朗西北的哈馬丹附近的埃克巴坦那（Ecbatana），甚至在今天伊拉克境內，像巴比倫或泰西封（Ctesiphon，在巴格達南面）。今天伊朗的首都德黑蘭，也是北面的絲路城市。

伊朗的地理環境跟印度不一樣，它的北面雖然多山，但是沒有不可逾越的山體做屏障。南面的腹地，可以容身，可以讓人喘一口氣，但是如果守不住北面，也難保得住南面。

通過伊朗的陸上絲路，既是貿易之路，也是戰爭通路。從中亞越過低山，經裏海之南西進，軍隊經常東來西往。蒙古的伊兒汗國，首都就在北面的大不里士；以暗殺聞名的山老集團，也是匿藏在裏海南面的深山。波斯帝國在北部絲路留下的世界文化遺產，絕不少於伊斯法罕和設拉子。

古波斯
千年興盛的根基

在阿拉伯帝國突然打敗波斯以前，波斯曾有三個強大的王朝，而且在很多方面都有輝煌的成就。波斯有深厚的基礎：

基礎之一：兩河文明的鄰居

古波斯的覆蓋面，無論政治或文化的，都比今天的伊朗國土為大。與今天伊朗接壤的阿富汗、土庫曼斯坦、伊拉克，高加索的阿塞拜疆，中亞烏茲別克斯坦、塔吉克斯坦，甚至去到小亞細亞等地，都曾是古波斯的政治或文化覆蓋範圍。遠至帕米爾高原的塔吉克斯坦，就大規模出土過波斯風的遺跡。

用古代的國界來考慮今天，會挑起無端的糾紛而製造新恨；用今天的國界來考慮古代，則許多事情又會變得有隔而難解。如果我們不放眼看上述大片地方和伊朗高原的關係，那就不容易明白古波斯為甚麼那麼璨爛。

四大文明之外的古國

波斯帝國的老師是兩河的文明古國 —— 巴比倫和亞述。

波斯與世界最早的文明做鄰居，滋養豐富。兩河的東面是山區，有埃蘭文明，與伊朗高原關係密切。所以伊朗的歷史，如果追源於埃蘭文明，那麼波斯古文明就會比中國還悠長。那為甚麼波斯不列入四大文明古國呢？這是我在伊朗旅行時，天天在想的問題。暫時我同意朋友的推測，大概波斯的文明來自兩河流域，不是原創的，所以不算入四大文明吧。

但是有關人類早期歷史的狀況，愈掘愈新奇，愈讀愈奧妙。四大文明之說恐怕要不斷經受新發現的考驗。最近發現，埃蘭文明或許不後於兩河流域，而接近於同期；它的遺址也不止出現在近巴比倫文明的伊朗西部山區，在伊朗中部的伊斯法罕附近，也有重要發現。再掘下去，將來或許發現埃蘭文明也是原創，於是波斯也可以爭取列名原創古文明。

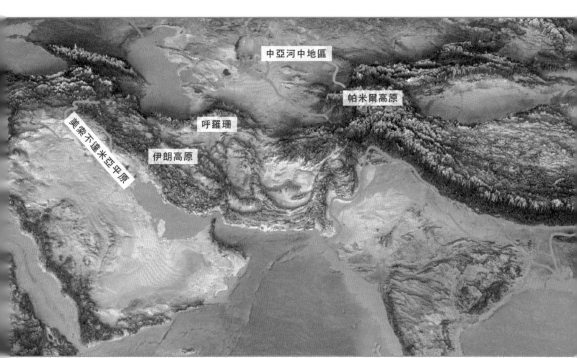

▲ 波斯鄰近兩河流域。　圖：titoOnz / shutterstock.com

總之，伊朗高原上的文明，開始時和最早的兩河文明不差多少。但兩河流域的農耕條件始終勝了一籌，富裕就易領先，到後來，巴比倫和亞述跑出了，成為伊朗高原居民的學習對象。但是文明沒有長盛不衰的，作為學生的波斯第一帝國（阿契美尼德王朝），滅了巴比倫，佔了兩河流域，繼承了兩河文明的遺產，軍事和文化都長期稱雄。尤有甚者，波斯發展出高深的宗教哲理，凝聚了人群，鞏固了帝國。由中國的戰國時代到唐初，一千二百多年裏，伊朗高原上共迸發出三個大帝國，只在希臘馬其頓東侵時中斷過約二百年。

基礎之二：宗教的力量

宗教的力量能使人為之赴湯蹈火。

伊朗高原上出現了祆教（俗稱拜火教），它不是埃及那種多神教。它建構了一套善惡價值、天堂地獄、末日審判的說法，對許多宗教產生過影響。祆教在波斯帝國下壯大，更是波斯第三帝國（薩珊王朝）的國教。

▲ 祆教的標誌

有研究中亞和西藏的學者王小甫甚至認為，祆教不但維繫了波斯帝國，幾個世紀之後，草原上的突厥部能從鐵勒族諸多部族中突圍而出，變得強大，可能也是因為突厥部接受了祆教，因而更能團結。

這個古伊朗及中亞的第一大宗教，曾經影響兩河流域，也曾經傳入中國。雖然阿拉伯帝國入侵，祆教在伊朗被伊斯蘭教取代，但並不是寂滅無聲，再無影響。

先不說宗教，就是在伊斯蘭時期的故事、傳說裏，德國學者 Ulrich Marzolph 說波斯文學裏很多英雄仍然稟持着改宗伊斯蘭教以前的觀念，仍然在演繹善與惡兩大力量的永久爭衡。

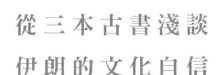

從三本古書淺談
伊朗的文化自信

希臘古書所見：一片有思想的土地

　　希臘和波斯是死對頭，波斯強大的時候，多次入侵希臘，非要把這不大的地方納入麾下不可。希臘的歷史學家希羅多德寫的《歷史》，與波斯和希臘的戰爭有關。既然是希臘人，當然以希臘為正面角色，把波斯與奴役、希臘與自由聯繫起來。即使如此，《歷史》裏記載的兩個片段，令我覺得波斯人並不只有武力，還很有頭腦。

獨裁、寡頭、民主之辯

　　在《歷史》的第三章，有一段關於採取甚麼政體的討論。

　　事情的背景是七個貴族平定了由祆教僧人篡奪政權的亂事，然後，這七個貴族要討論亂後該採用甚麼政體。其中有三種主張：

　　有人主張民主：由全體波斯人管理國家，好處是人人平等，也不易犯

錯。任事的人為自己的所為負責，一切意見交給人民裁決。獨裁不是好政體，特權會讓人驕傲和嫉妒，兩者是一切壞事的根源，把獨裁權力給世界上最優秀的人，他也會脫離正常的心態。獨裁君主會嫉妒臣民中道德超過他的人，又愛聽讒言。

有人主張寡頭統治：反對獨裁，但也反對放權給人民，因為人民不好對付，愚蠢又無禮。從一個暴君下解放出來，又換來容易衝動盲目的民眾專擅，同樣不好。獨裁者再殘暴也是做自己知道的事，民眾則不加思考，毫無遠見，像泛濫的河盲目奔流，摧毀一切。交權力給人民，不比給獨裁

▲ 波斯第一王朝的國王

者更好，因此應該選一批優秀有德行的人來共同管理國家。

大流士第三個發表意見，他主張獨裁：他同意民治有問題，但也反對寡頭統治。大流士認為還是獨裁好，因為最優秀的人有相應的判斷力，能完善統治人民，使人民富裕，應付敵人的計劃也不易外泄。寡頭之治的缺點，是雖然許多人強烈希望為國家做好事，但因為每個人都想做首領，令自己的意見被採納，必然產生敵我，產生派系，於是流血，流血的結果就回到獨裁之治。而且，民治必定會在公共事務中出現分歧，不肖之徒為利益而團結，持續下去，直至有人因民眾利益而奮起，成為人民偶像，於是他就成了獨裁君主。既然不管怎樣最後都會是君主制，不如一開始就採用君主制。至於獨裁的壞處，只要適當地選國王，可以避免。讓最優秀的人統治，本來就是最好的制度。

最後大流士的意見以 4：3 通過。

接着，他們討論七個人之中，應該由誰來做國王。七人中有一個棄權，但是他提出一個交換條件，就是自己的後代不受國王所管！

最後，大流士做了國王。他是繼開國君王居魯士之後，波斯第一王朝的雄才大略之君。

雖然我們不必全面認同以上討論的結論，但是這討論裏面體現的人性洞察力，還是相當精彩的。

對生命的感嘆

《歷史》第七章裏，大帝薛西斯領兵攻打希臘，誓要完成前輩皇帝的心願。在行軍途中，有一段與叔父的對答，充滿人性：

薛西斯檢閱大軍，看到波斯軍隊滿蓋大地，海上艦隻雲集，陣容之盛，亙古未有。薛西斯宣稱，他非常高興，然後卻又痛哭起來。

曾阻止薛西斯出兵的叔父問他哭甚麼。

薛西斯說：人的一生短促，眼前黑壓壓的人，百年之後，沒有一個能

活着。思前想後，悲憫之感不免湧上心頭。

叔父說：人生短促，又受種種不幸折磨。這些折磨使短促的人生看來很漫長，使生存變得可悲，而死亡竟然成了避難所。神讓我們嘗到生存的一點甜味，不過即使在這一點上，他顯然都是嫉妒的。

叔父又說他對出征充滿恐懼不安。因為世界上有兩件最重要的東西在敵視薛西斯，就是大地和海洋。海軍未必有大海港可以容納；而陸軍愈多，領土愈大，易招致饑荒。

薛西斯這次西侵的結果，陸上之戰突破溫泉關，殺了斯巴達三百勇士；龐大而多的戰船卻在雅典附近的狹窄海灣陰溝翻船，波斯大軍鎩羽而回。

秦始皇肯定有人壽幾何的傷感，但我未讀到他有這種悲憫生人的情懷。

大流士和薛西斯兩個大帝，以及薛西斯叔父，三人表現出的政治理論家和哲學家水平，即使在希臘對手的筆下，仍是令人佩服的。

宗教古書所見：真誠的價值觀

電影《伊朗式分居》有一個場面，我一直不明所以。正陷分居困擾的男主角，為了爭取女兒老師的同情，撒了一個小謊，被老師發現。雖然男主角已經道歉，老師仍然生氣得立即駕車離開。男主角在鬧市拼命開車追趕，一個勁地道歉，老師頭也不回。

我從一個中國人的習慣看，覺得老師太不近人情了吧？直到我看祆教的教義，才有點明白。祆教不斷強調真誠的重要性。

「最初兩大本原孿生並存，思想、言論和行動皆有善惡之分。善思者選擇真誠本原，邪念者歸從虛偽本原。」

這段頌詩來自祆教經典《阿維斯塔》（*Avesta*）的最古老部分〈伽薩〉，被認為是創教者所吟詠。

祆教的經典《阿維斯塔》

祆教據說是由先知瑣羅阿斯德所創，他大約生活在公元前 1000 年至前 600 年之間，在中國是西周時代。瑣羅阿斯德的出生地，有不同說法，但《阿維斯塔》所用的語言則來自伊朗高原東部。

祆教教義的基本觀念是善惡二元對立。善神（阿胡拉・馬茲達，Ahura Mazad）和六個助神是七位一體的，六個助神是善神的六個方面，其中又以智慧和善良（動物神）、至誠和聖潔（火神）兩大助神最重要。

善惡二神約定 9000 年決高下。在這個世界末日到來之前，為善者要做到五要：善思，善言，善行，恭順，真誠。

跟印度神話裏善惡神一起攪拌乳海的創世神話不同，天國和世界是善神單獨創造的。善神創造天國，是為了跟惡神在九千年後決鬥。祂用三千年充實天國，造出六助神；創造土水氣火，然後創造世界及七重天。接下來三千年，惡神攻擊善神創造的光明世界。最後三千年，善神派先知瑣羅阿斯德來傳播正教。之後，有三個隱世先知到來救世。

▲ 傳入中國的祆教有翼神人。

人死之後會走一條裁判橋，善人由仙女帶到天堂，惡人由妖婆帶入地獄。半善半惡的，在天國和地獄之間的陰陽界等候終審日。

世界末日到來時，善惡交戰，善神會勝利，最後一個隱世先知宣佈復活日到來，喚醒亡靈作最後審判。亡靈接受熔鐵的考驗，生時為善的可以經受到。

雖然人和世界都由善神創造，但跟猶太教和基督教不同，在善惡對決中，神賜給人智慧，人可以自由選擇宗教，選擇善惡。連牲畜也可以選擇追隨農夫抑或逐水草的遊牧民。

「真偽智愚都在高呼，善惡兩大本原在召喚各自的信徒。」

善神所創造的理想天國沒有水土，沒有肉體，只有精靈，它們是萬物在天國的原型。這個觀念跟柏拉圖的有些相似。在天國，萬物的靈體都安靜不動，只有人的靈體極為活潑，「正教徒純潔善良而強大的眾靈體在造物中最勤奮，創造的時候就顯得異常活躍」，時常想下凡救世。

百姓則在世上建立起人間天堂，提倡敬祖、英勇、真誠、寬容種種美德。善人亦應該努力保護這個辛苦建立起來的人間天堂。

伊朗和印度的宗教雖然同是由原始雅利安族創立，但是祆教不像印度教強調人生的苦，反而頌揚智慧與真誠，主張人積極樂觀，自由和愉快地生活。

祆教經典兩次大散失

第一次散失是在波斯希臘戰爭期間。傳說波斯第一王朝將《阿維斯塔》用金汁寫在一萬二千張牛皮上，一式兩份，一份藏在波斯波里斯帝國圖書館，另一份藏在阿塞拜疆省一間祆教廟。阿歷山大東侵，火燒波斯首都波斯波里斯。第二份經典也沒有避過劫難，阿歷山大取去藏在祆教廟那一份，送回希臘，譯出天文、醫學及哲學部分之後，把第二份也毀掉。

遭此災劫，喪失了官方版本，祆教的經典仍然以口耳相傳。波斯重新

興起時，第二第三帝國（安息和薩珊王朝）都有嘗試重新編集，尤其薩珊王朝出力更大。薩珊王朝收集民間和祭司流傳的頌詞，又到希臘和印度收集跟《阿維斯塔》相關的天文、醫學及哲學內容，重新合成，又編出一本幾十萬字的經典。原樣當然無法完全復原，4 世紀的時候，大祭司奉旨修訂，對法典的部分也作過改動。雖然傳統祭司反對新改動，但大祭司經歷熔化黃銅澆身的神判而毫髮無損，所以他人反對無效。

辛勤編集的新版本經典，在阿拉伯帝國入侵之後，經歷第二次散失。這次不是直接被毀，而是逐漸散失。阿拉伯帝國入侵，許多學者和貴族逃到東部的呼羅珊地區，以及印度西部。經過二三百年，百姓也慢慢改信伊斯蘭教，祆教經典慢慢散失，現存大約只有四分之一。後來歐洲勢力入侵伊朗，對東方異域充滿好奇的歐洲學者，用語言學整理研究，令這古書逐漸為人所識。經過近代的動蕩，伊朗部分人也重燃追溯本源的希望，探究阿拉伯之前的文明和思想。

歷史古書所見：不寫則已一寫驚人

波斯是個歷史悠久的帝制國家，這點跟中國很相似。可是中國人迷戀寫歷史，史官有很強的傳統，將相也有「留取丹心照汗青」的情懷。歷史儼然代替了宗教某些角色。而波斯在這方面，卻不似中國而近於印度。波斯語是高雅的文學和文化用語，波斯重視詩，多於歷史；跟印度一樣，史前的記載，神話多，歷史少。哪怕伊斯蘭時期詩人斐爾多西的《列王紀》，也不是歷史，而是神話故事。

然而蒙古西侵，橫掃歐亞大陸，遠達俄羅斯，影響了那麼多地方和民族，但詳細記載這蒙古旋風的來龍去脈以至蒙古汗國的，基本上除了中國，就是波斯。

蒙古汗國裏的伊兒汗國，坐落在伊朗高原，首都在今日的大不里士。

可能是蒙古人受中國修史的影響，伊兒汗也命該國的宰相拉施特為蒙古修史。

拉施特由 1300 年至 1310 年編修《史集》，卻是不修則已，一修驚人。除了本來要寫的蒙古，還有中世紀各國各族的歷史，甚至包括中國。他運用的材料很廣泛，除皇家檔案，還包括各族自述，又有蒙漢官員幫忙。《史集》內容之豐富，除了歷史，還企圖包括世界地理。全書篇幅浩繁，堪稱為當時的世界百科全書，因此被稱為史集。

《史集》裏有《蒙古秘史》和元代的漢籍未有的資料，例如蒙古族起源的傳說，說戰敗的蒙古僅剩少量人口，逃到黑龍江上游的額爾古納河邊森林裏，後來人口繁衍。

所以現在研究蒙古史的，除了要懂蒙古文外，還要懂中文和波斯文。

拉施特於 1247 年出生在哈馬丹，來自一個醫學世家，是猶太裔的波斯人，已入教為伊斯蘭信徒。他曾編修過中國醫學百科全書《伊利汗的中國科學寶藏》，這本書現在還存在。如果你說，這只說明猶太人屬害，不是波斯人屬害，那麼先不說拉施特是用波斯語寫《史集》，先撇開波斯自古是多民族人才聚集之國，波斯還能拿出另一本波斯文的蒙古史鉅著《世界征服者史》。作者志費尼來自伊朗東部，家族曾經為多個王朝管理財政。志費尼跟第一任伊兒汗旭烈兀同時代，曾跟以刺殺出名的阿薩辛人（Assassin，馬可波羅稱為山老）談判，又曾經去過蒙古帝國的首都哈刺和林。成書比《史集》更早，又多是親見親聞，所以《世界征服者史》也很有價值。

像中國古代一樣，世家大族對波斯文化的傳承不可輕視。即使經受阿拉伯和蒙古—突厥屢次入侵，但波斯有雄厚的文化底蘊，仍然有不少有學問的家族維繫着波斯文化的承傳和發揚。

阿拉伯帝國
入侵之後

敘述伊朗的歷史，一般都以阿拉伯帝國入侵為界，分為前後兩大期，在文化上、宗教上、人種上都有一些值得留意的轉折。

阿拉伯帝國裏的伊朗角色

伊朗人早就跟阿拉伯人有交往。有一個阿拉伯人王朝還臣屬於波斯第三帝國（薩珊王朝），幫助攻打羅馬。薩珊王朝可能從未想過在 7 世紀竟突然被阿拉伯人打敗。

阿拉伯人對管理一個大帝國沒有經驗。波斯雖然不再能建立強大帝國，但是人才仍多。在阿拉伯帝國入侵的頭兩個世紀，伊斯蘭教政府裏的管理工作由很多伊朗人負責，他們掌握重要的官職。薩珊波斯的波斯語（帕拉維語）是管理者的語言，許久之後才被阿拉伯文取代。至於避難到伊朗東部和中亞的波斯貴族和學者，默默耕耘兩世紀之後，波斯文化就在中

亞復興，而且反過來影響阿拉伯帝國。

唐代稱為黑衣大食的阿拉伯帝國第二王朝（阿拔斯王朝），推翻唐稱為白衣大食的阿拉伯帝國第一王朝（倭馬亞王朝），就是由伊朗東部的呼羅珊地區勢力策動。協助建立王朝、多代均為重臣的波斯巴爾馬克（Barmakids）家族，祖籍呼羅珊，阿拉伯入侵後，逃到伊拉克的巴士拉，後來轉信伊斯蘭教。從姓氏來推測，這個家族可能原來是守護現在阿富汗巴爾赫（Balkh）的佛寺，該地後來劃入波斯的呼羅珊省。巴爾赫是貴霜帝國的佛教中心，也曾是祆教興盛之地，傳說創教的瑣羅阿斯德在這裏去世。

波斯人的雄厚文化力量，令 14 世紀的阿拉伯歷史家伊本・卡爾敦（Ibn Khaldun Muqaddimah）大為感嘆：「研究阿拉伯語文法的，都是非阿拉伯人，重要的司法人員是非阿拉伯人，只有非阿拉伯人投入到保存知識和系統著述的工作。所以先知穆罕默德說『如果學習暫存在天堂最高處，非阿拉伯人也會取得它』，這話十分真確。知識、工藝都由非阿拉伯人來傳承。只要非阿拉伯人在伊拉克、呼羅珊、河中地區保留他們的定居文化，城市就會繼續如是。」

這裏的非阿拉伯人（Ajam）主要指波斯人，所以有些譯本逕直譯為波斯。

不過我們不能說阿拉伯人沒有進步。伊本・卡爾敦自己就是北非的阿拉伯人，他除了是歷史學家，還被譽為社會學的先驅。事實上，阿拉伯語是很好的詩歌語言，詩歌十分發達。不過，在歷史悠久、重視知識的波斯文化面前，阿拉伯文化畢竟是後進者。

伊斯蘭教和什葉派

阿拉伯人入侵之前，波斯的國教是祆教。阿拉伯人滅波斯之後，並不大力推動伊朗居民轉信伊斯蘭教，這不是阿拉伯帝國的政策。因為轉信伊

斯蘭教可以少交稅，阿拉伯人並不想影響國家的財政收入。伊朗居民是經過很長時間，逐步接受伊斯蘭教的。

伊斯蘭教主張教內平等，因此改宗伊斯蘭教的波斯人按理是跟阿拉伯人平等的，何況在管理方面，阿拉伯人有許多仰賴波斯的地方。但是，征服者和被征服者不會一下子就平起平坐。9 世紀在阿拉伯帝國的阿拉伯人和波斯人知識分子裏有個運動，討論過阿拉伯人和非阿拉伯人有沒有高低的問題。

人類的發展有先後，跟所處的環境條件有一定關係，但先後不代表優劣。在歷史上，阿拉伯地區的發展，無可否認是後於兩河流域和伊朗高原的。7 世紀時，伊斯蘭教在阿拉伯半島興起，為了以宗教改革實現社會改革，說伊斯蘭教之前是蒙昧時期，否定從前的多神信仰和生活方式。這種說法是針對阿拉伯半島的情況的，但是波斯歷史悠久，在 7 世紀之前的多個世紀，文化藝術就曾盛極一時，因此說伊斯蘭之前是蒙昧時期，在伊朗就有點說不過去。同樣有悠久文明的埃及，早已被羅馬剷除了根基，因此可以抹去伊斯蘭教以前的身份，變成阿拉伯人。但伊朗的文化一直延續，伊朗從古就吸收外來文化，是兩河文明的好學生，這種長於融合的能力，形成伊朗豐富而綿延的文化和文明，沒有被毀而湮沒這個過程。當伊朗追尋前伊斯蘭身份時，自然會涉及阿拉伯帝國前的輝煌，以及重新研究祆教的思想。今天不少伊朗人仍隱隱有一種文化自豪感，但不是要否定他們的伊斯蘭教徒身份。伊斯蘭教在伊朗已經一千多年，前伊斯蘭的波斯與伊斯蘭文明在伊朗人身上並存，無可迴避。

其實波斯思想對伊斯蘭教的發展確實有影響，志費尼的《世界征服者史》寫到山老時，就認為這個伊斯蘭教的伊斯瑪儀派的思想是祆教的，屬於異端。有些伊斯蘭教的派別講自由意志，也可能是受伊朗本有的思想影響，像上文所說，祆教說善神給予人智慧，人可以選擇自己從善或從惡，

因此，可以說強調自由意志，否定命定是自古以來伊朗高原居民的思想。波斯對伊斯蘭教的蘇菲派也有重要影響。

伊朗在伊斯蘭世界裏，還有一點要注意：今天伊斯蘭教徒大多屬於遜尼派，伊朗卻屬於什葉派。

什葉派是「阿里的追隨者」的意思，主張穆罕默德的後代才能繼承先知之位。阿里是穆罕默德的女婿，穆罕默德去世後，真主代理人的位置由誰繼承，引起過糾紛。阿里後來才成為第四任哈里發。什葉派崇信伊瑪目，意即教長。什葉派有十二伊瑪目，阿里就是第一任伊瑪目，基本上父死子繼，但是阿里的長子被阿拉伯第一王朝（倭馬亞王朝）阻止繼位，次子侯賽因是第三任伊瑪目，在 680 年又被該王朝軍隊所殺。十二代伊瑪目都橫遭殺害，因此什葉派常常提到殉道，朝拜殉道者的墓也成為重要的朝聖活動。侯賽因殉難的日子成為每年的重要紀念節日，他的故事在各種宗教活動中反覆講唱，很有控訴哀悼的味道。

伊朗轉為什葉派並不早，是 16 世紀時伊朗人建立的薩法維王朝（Safavid，1501－1736）所倡。它是伊朗第一個什葉派王朝（但不是伊斯蘭世界第一個什葉派王朝）。什葉派的重地也不限於今天的伊朗，伊拉克也以什葉派為主，南部城市納傑夫是什葉派的聖城。而原來與伊朗有文化關係的中亞則仍屬遜尼派。有人認為這削弱了伊朗和中亞的連繫。

雅利安人與突厥蒙古

稍為涉足伊朗，都會聽到一個講法：伊朗是雅利安人種，是由裏海北面下來的，後來分成兩支，一支去印度，一支去伊朗。伊朗人跟印度婆羅門文化的締造者同源，所以兩者的古代語言近似。文化和思想也有接近的地方，例如祆教和婆羅門教祭神都有一種飲料，說喝了可以長生不老。這可能是一種有興奮或麻醉作用的植物汁液。研究的人公認兩種飲料名稱接

近，作用接近，應該都是來自古雅利安人的習慣。而中國那些皇帝所渴求的長生不老藥，可能就是來自這種傳說的飲料。不過這植物汁大概還不至於喝死人，把唐太宗弄死的，可能是新藥方。

既然其來有自，悠久綿長，那麼今天的伊朗人就是雅利安人了？1925年上台的巴列維王朝，就是這麼說的。在歐洲勢力強盛、左右中東政局的時代，巴列維王朝要宣傳伊朗過去的光榮，主張伊朗人是純雅利安人種，說統一的語言。更有甚者，在一個歐洲宰制天下的時代，當時歐洲發展出的人種學說，主張歐洲人屬於雅利安人種，並且受極端的歐洲民族意念影響，流行雅利安民族優越論。巴列維王朝強調伊朗的雅利安血統，就是強調與歐洲人同源，以助提升國家的地位和民族的自信。當然，大家也會記得，後來納粹德國主張日耳曼人是最純種的雅利安人，特別優秀，並且以此為藉口，屠殺吉卜賽人和猶太人。

那麼今天的伊朗人就等於幾千年前的雅利安人嗎？無可否認，踏足伊朗，見到居民的面相都比較接近，不似中亞那麼混雜；深目高鼻，確像中

▲ 今日的伊朗青年

國古書簡單勾勒的胡人面相。但是，那只是很表面的看法，伊朗從來不簡單。先不說波斯第一帝國大幅吞併亞非各地，本身就是一個多民族帝國；光以波斯文化的發源和核心 —— 伊朗高原來說，它的東北面連接中亞。歷史上，中亞是遊牧和定居民族的緩衝處，但歷史的大勢，是遊牧民族不斷南下西去，所以遊牧民族也經常由東北進入伊朗高原，當地經歷多次民族移入。中國人熟知的當然是蒙古啦，但蒙古人數少。蒙古入侵的衝擊固然大，但畢竟是一次性，更長期持續進入的是泛稱突厥人的遊牧民族。除了遊牧族主動南下之外，由於波斯人在阿拉伯帝國裏位居要職，阿拔斯王朝的哈里發有意引入突厥，來削弱波斯人的勢力。後來的伊斯蘭教帝國，像塞爾柱、帖木兒，君主已不是阿拉伯人，而是突厥人。雖然外來入侵者人數不及當地居民，但說波斯沒有混入其他民族的成份，也只是一個神話。何況作為世界極早的多民族大帝國，種族在波斯的歷史上，並不是顯著的因素。

六

海上絲路的
伊朗

波斯與波斯灣

在伊朗和阿拉伯半島之間，是波斯灣。出了波斯灣，就通向印度洋。正如歐亞大草原是最早的陸地大通道，印度洋也是最早的歐亞海上通途。

阿拉伯半島大部分是沙漠，受地理條件的限制，波斯灣西岸的發展比東岸慢。羅馬和波斯帝國沒有把阿拉伯地區視為大威脅。

但是波斯帝國和阿拉伯半島早有來往，沿海的也門和阿曼有波斯帝國所需的銀及銅礦；阿拉伯半島的海岸有商道，可以溝通地中海和印度洋，這些貿易路線上有不少城鎮，起哨站的作用，經濟上常由波斯掌握，有不少波斯商人組織。

波斯固然是陸上大帝國，但是很早就留意波斯灣。跟漢朝交往的安息

帝國，是波斯第二帝國（帕提亞王朝），由遊牧人建立，但已經懂得重視海路，在波斯灣兩岸建立據點。到薩珊王朝，更從立國開始就加強控制波斯灣沿岸。6、7 世紀的時候，今天設拉子所在的法爾斯地區（Fars），憑藉在伊朗南部的地利，控制波斯灣岸的哨站，成為物流中心，掌握波斯灣通往印度洋的航運。薩珊波斯不光從陸上獲得絲綢，也從波斯灣進口。薩珊王朝對於阿拉伯半島的局勢非常留意，視同國土，不但出兵遏止叛亂，還向住在沙漠的阿拉伯人傳教，又逐步插手半島的沿海商道，

　　薩珊波斯和羅馬是長期對手。控制波斯灣，既為了貿易之利，也是對付羅馬的重要佈局。兩國當時大打貿易戰，手法與今天並無二致。波斯加出口稅，羅馬就向波斯實施銅鐵禁運，而波斯則加絲價。為了繞過波斯，羅馬另闢蹊徑，想打通海上商路。東羅馬帝國的查士丁尼一世（Justinian，527 － 565 在位）跟埃塞俄比亞人合作，企圖經過紅海的非洲國家到也門，以便航向印度，又改向印度的基督徒買絲。不過，羅馬的種種作為，還是以失敗告終。可以想像波斯扼守波斯灣，佔盡地利，大有優勢。

　　當時波斯灣最重要的港口是位於東岸的尸羅夫（Siraf），它是薩珊波斯的軍事基地。波斯亡後，它繼續成為貿易港，盛況幾乎比得上設拉子。唐朝商人在這裏設有貨倉，曾發掘出中國瓷器。這些唐朝商人不知是華人還是在唐的波斯人或阿拉伯人。可惜 10 世紀一場大地震影響了尸羅夫，加上 11 世紀時阿拉伯王朝分裂，北非另有法蒂瑪（Fatima）王朝，兩朝競爭，威脅陸路安全，同時亦令到作為貨物轉運的波斯灣海貿轉衰。13 世紀尸羅夫徹底廢棄。

▲ 公元 3 世紀，薩珊波斯敗羅馬軍，俘羅馬皇帝。圖為伊朗高原上紀念這場戰爭的薩珊波斯石刻。

誰是回回人？

控制波斯灣不能只視為國家行為，當時王朝對海上安全的保障不及陸上之強。海上商貿以聯營商人的活動更重要。

波斯亡於阿拉伯後，阿拉伯人利用波斯建立的系統，繼續做海上貿易的生意。但這並不代表波斯人的海上商貿勢力結束。唐朝的中國材料裏，波斯和大食（阿拉伯）是比較分得清的，這也因為波斯亡後，不少波斯人避難到唐土，中國人懂得其間的區別。之後，波斯亡國已久，人民又多改宗伊斯蘭教，中國人對胡商的這些分野就逐漸消失了。

宋朝人的海外遊記說有很多大食人住在今天印度西南的奎隆（Kollam），大食商人主要販運馬匹到印度。大食是唐朝對阿拉伯帝國的稱呼，其實宋時黑衣大食（阿拔斯王朝）已經江河日下了。阿拉伯馬固然有名，但波斯人的馬術也精到，這裏說的大食人是不是全屬阿拉伯人呢？

到鄭和下西洋，則經常只是說回回商人。明朝時，阿拉伯帝國也衰落了，鄭和隨員筆下的回回商人，很難區分是阿拉伯人還是波斯人，甚或是信伊斯蘭教的其他人等。這些回回商人在印度西南以海運而富甲一方的小

王國，地位僅次於國王和貴族，比印度本地的富商還高一等，在號稱西洋大國的古里（今日的科澤科達，Kozhikode），有兩個還當上國王的大頭目，執掌朝政。國王對兩人甚為依重，讓他們帶着印度的商人與鄭和的寶船做買賣。當地居民也有很多做一般生意的伊斯蘭教徒，有二三十間清真寺。鄭和的隨員說，當地的回回人外表偉岸，甚有誠信。

寄居印度和斯里蘭卡的這些回回人裏面，或有相當數目的波斯商人。斯里蘭卡發現的明代石碑透露了波斯語的政商勢力。那碑是永樂七年（1409 年）明廷所刻，碑上有三種語文，其中一種是波斯語，而不是阿拉伯文。當時伊朗是在突厥人所建立的帖木兒帝國（1383－1507）治下。

由此可見，波斯人雖然亡國已久，波斯語所代表的文化勢力，卻不能小覷。比諸晚崛起的阿拉伯人，波斯人有豐富的行政財政經驗，藝術也更成熟，阿拉伯帝國免不了波斯的影響。繼阿拉伯帝國之後的伊斯蘭教帝國統治者，往往是來自突厥蒙古不同支系的民族，曾生活於波斯文化浸潤的中亞地區，因此朝中往往一片波斯風。隨着它們從地方勢力變為大帝國，更把結合了伊斯蘭教的波斯風尚帶到各地，像突厥奴隸建立的塞爾柱帝國，境內從中亞，到小亞細亞，都流行波斯語。這些突厥蒙古王朝也南侵印度，於是把波斯語傳入印度北部；崛起於中亞的莫臥兒帝國（1526－1858），官方語言是波斯語。印度第一任總理尼赫魯亦說，據他所知，印度的穆斯林法庭用的語言是波斯語。受過教育的印度教徒，如果做與法庭和政府部門相關的工作，大多學波斯語。

因此，鄭和所立的明碑刻上波斯語，可能只為反映波斯語在當時印度洋沿岸世界的地位。明朝剛推翻使回族在中國出現的元朝，鄭和又身為回族，對於當時的西洋世界，他比今日的我們應該更為了解。

不過，鄭和隨員對西洋的了解就有點不及了，既沒有說明為甚麼三語碑上有波斯語和泰米爾語，又混同了印度教和佛教。對於寄居印度大陸的

西亞商人，都稱為回回商人，都認為是伊斯蘭教徒。其實，當地的西亞商人，會不會有信仰祆教的波斯人後裔呢？畢竟印度的西北是祆教徒從伊朗出走後的避難所，而祆教徒又向來以長袖善舞聞名。

小島稱雄：霍爾木茲

波斯灣兩岸港口林立，像尸羅夫就曾稱雄一時，但波斯灣的島嶼也可以成為貿易大港。

鄭和七下西洋，後四次都去一個叫忽魯謨斯的地方。根據鄭和的航海圖，忽魯謨斯是波斯灣內的一個島。鄭和下西洋的 15 世紀，忽魯謨斯靠着提供安定的營商環境，以及東連印、伊，西達阿拉伯海岸及東地中海地區的網絡，達到鼎盛，成為世界級的貿易港口，各地的船舶商人都來這裏買賣，甚麼寶物都有，珍珠大如龍眼。由於貿易盛，所以國、民都富有。當地沒甚麼農作物，要靠外地入口，但各色蔬果不缺。

鄭和的譯員馬歡本身是伊斯蘭教徒，他把當地描述為誠信伊斯蘭教的國度，人人祈禱，做捐錢扶貧的天課。可是他說當地「書記皆是回回字」，那並不是阿拉伯文！馬歡是把阿拉伯文叫「阿拉壁語」的。回回字在元代以來的文獻中，主要指波斯文。所以這個世界級港口的居民即使是伊斯蘭教徒，用的卻是波斯文！看來他們最少是阿拉伯人而會波斯語，甚至會不會就是波斯人呢？實際上這裏的居民族屬複雜，也並不如馬歡所言都是伊斯蘭教徒。繞過複雜的人種、宗教謎團，見到在這個西洋商貿世界，執牛耳的是波斯語，這或許是斯里蘭卡出土的鄭和三語碑刻上波斯文的原因。

忽魯謨斯換為今天的音譯，是霍爾木茲（Hormuz）。現代人認識霍爾木茲，不是來自港口，而是來自海峽。而這件事情本來是倒過來的：因為港口霍爾木茲名揚天下，所以後來就以它命名所在的海峽。霍爾木茲海峽是波斯灣入口一條狹窄而彎曲的水道，許多中東國家的石油，要靠船隻經

這個海峽輸出。如此形勢，自然是個軍事要地，也時常出現在新聞裏。美國和伊朗衝突，海峽的形勢就會緊張。

說到霍爾木茲的光榮史，雖然當地的長途貿易可以追溯到很早，但起初只是個服務伊朗東南部貨運的地方港口。唐朝時的波斯灣名港尸羅夫等相繼衰落，才造就霍爾木茲逐步興起。

伊朗人在逐漸興旺的霍爾木茲建立小王國。11 世紀，來自阿拉伯半島南部的阿曼人，取代伊朗人成為忽魯謨斯王國之主。忽魯謨斯王國向來臣屬於統治西亞或者伊朗的王朝，以獲得安穩環境，但是它高度自治，亦有軍隊，據說其中有四千個波斯弓箭手 —— 波斯向來以騎射聞名。霍爾木茲的首府本來在伊朗本土，但是波斯和阿拉伯帝國相繼衰落之後，大陸上局勢多變，霍爾木茲王國為免時常受兵燹威脅，14 世紀時把首府移到島上。這一招有相當效果，威震歐亞大陸的帖木兒王朝因為海軍不強，就拿它沒辦法。

▼ 夾在伊朗高原和阿拉伯半島之間的波斯灣和霍爾木茲海峽。
圖：Manuel Neuhaus / shutterstock.com

要發展貿易，霍爾木茲島並不是毫無對手，它西面有基什島（Kish）。基什島的商人多是由衰落的名港尸羅夫移居來的。基什繼尸羅夫之後，一直興旺到 14 世紀。基什和霍爾木茲兩個島競爭生意，還會出動軍隊，基什曾被霍爾木茲攻陷。明代時，霍爾木茲島成為有世界名聲的貿易中心。16 世紀的葡萄牙神父 Gaspar da Cruz 說，當時霍爾木茲居民聲稱，如果世界是隻指環，霍爾木茲就是指環上的那顆寶石。

　　雖然生意網廣闊，但大利所在是波斯灣與印度的航運，必須密切注視當地的形勢，其中販馬去印度利潤甚大，至於販運珍寶，從印度買香料和絲運去西方，亦不在話下。

　　在霍爾木茲，我們見到伊朗商人的貿易活力。

▼ 出產多種礦物的霍爾木茲島。　　圖：Grigvovan / shutterstock.com

當時在印度東西岸，伊朗商人長期十分活躍。他們說服港口那些印度王公給予貿易優待，逐漸獲得管理權，甚至攀上政治高位。這些伊朗商人甚至把生意做到馬六甲。因此霍爾木茲跟印度做生意，其實是跟印度的伊朗商人做生意。霍爾木茲用波斯文，恐怕有很多商人是伊朗人吧？印度的伊朗商人應該也懂波斯文，大家同聲同氣，做生意方便得很。何況雙方又都可能是伊斯蘭教徒？

不過霍爾木茲居民的宗教信仰，仍有爭論。當地其實有各種信仰。現在有些祆教徒堅持，祆教徒早就在霍爾木茲經商。阿拉伯人控制霍爾木茲地區後，他們仍然經營了好多個世紀。祆教本是波斯帝國的國教，我們知道薩珊波斯亡國時，不少祆教徒由伊朗遷到印度西北部的古吉拉特，而印度西北部的古吉拉特商人不少聚居在波斯灣。那麼由古吉拉特到來波斯灣的商人，會不會是逃到印度的祆教徒呢？據說15、16世紀時，古吉拉特商人支配貿易活動，勢力在猶太商人和阿美尼亞商人之上。

15世紀末，葡萄牙人想在波斯灣建立據點，也來到霍爾木茲島，初來時沒有入侵，而是航去印度。從印度回來才要求納貢，1515年正式佔領霍爾木茲。據葡萄牙的資料，16世紀中，霍爾木茲城裏人口約四萬，其中一千二百戶是伊斯蘭教徒，八百戶是印度人，還有三百戶印度基督徒，當然也有一些會做生意的猶太人以及來搶生意的葡萄牙人。霍爾木茲城裏的伊斯蘭教徒有多少是波斯商人呢？而印度人裏，又有多少其實是印度古吉拉特來的祆教徒呢？

17世紀初，伊朗人的薩法維王朝打敗葡萄牙人，重奪霍

爾木茲，但已無心經營，把精力放到擴建附近岸邊的阿巴斯港。而大航海時代後，傳統的海上絲路失勢，霍爾木茲也一蹶不振了。

今天的霍爾木茲島，是一個面積只有四十平方公里的小島，在鄭和的航海圖上稱為假忽魯謨斯。鄭和那個西洋大國的忽魯謨斯，可能是稍南的小島，也可能是西邊較大的格什姆島（Qeshm）。格什姆島近一千五百平方公里大，只比香港大一半。

假忽魯謨斯島是忽魯謨斯境內的島，雖然小，但是很有特色，也有經濟價值。島上一個大山，四面出四樣物產，一面海邊出鹽，一面出白土，可以用來粉牆；一面出紅土，一面出黃土，都各有用處。因為有人來收買，所以國王派人在各處看守着它。

體驗筆記：伊朗

東西之中古國行

我想遍訪歷史上和中國有重大關係的國家，因此伊朗一直在旅行名單上。伊朗受美國經濟制裁，被美國列為邪惡軸心國，新聞上大家劍拔弩張，沒有多少人敢去旅行。準備行裝也很煩惱，頭巾之外，上衣要長袖，領口不能低，下擺要蓋過臀部。這是香港冬衣格局，怎能穿到氣溫三四十度的伊朗？行前惴惴不安，結果是出奇地愉快。我們見到的伊朗人，態度遠比想像的開放，見到外地人，雖然有好奇，卻大方而有禮，對中國人很友善。只是國運未免坎坷，人民言談間有點迷惘。

誤解與成見，往往會在世界上鑄成比詭詐與惡意更多的過錯，這是歌德《少年維特的煩惱》的話。這句話對當政者未必合用，但對老百姓，是一服提神醒腦藥。

最親切的最不了解

第一天在伊朗，看見他們的面孔，想到深目高鼻。看見年青女子朝我們回眸一笑，又想起唐詩裏熱情的胡姬。午餐吃到令人驚喜的椰棗，它是

東傳中國的西亞植物；接着端上來的杏，又是漂泊千里，移植到古波斯的中國水果。

　　旅程中，我們興奮地到處挖掘，每天都看到古代中西文化交流的訊息，有時捕風捉影，有時證據確鑿。纏枝紋確實在各種建築物上攀纏，連坎兒井博物館裏，扔在一邊的白色五口水罐，都像漢晉一個用途不明的綠釉文物。

　　可是每一次喧嘩之後，我都深深納悶，為甚麼我對波斯的認識，總是物質上的呢？

　　中國向來熱中與西域交往。自漢到唐絲路開通的時候，西域大國不出印度、波斯、羅馬、阿拉伯。印度對中國，思想影響很深，大規模的民族交往卻較少。羅馬則因為漢使甘英一時畏難，而緣慳一面。對阿拉伯，因為伊斯蘭教擴張，加上唐將高仙芝在中亞與阿拉伯帝國交手，吃了敗仗，

在伊朗街頭，隨處可見美女。不免令人想到唐人詩裏的胡姬。　圖：徐志宇

令人想起元朝以來的琺瑯工藝

有點欲迎還拒。可是從漢朝的安息，到魏晉及於唐初的薩珊波斯帝國，中國與波斯深入交往了四五百年，從皇帝到平民都有來往，而且兩個睥睨東亞和西亞的帝國，數百年間不曾兵戎相見。可是我對這麼一個長久與中國友善的國家，只識得一些植物、一些花紋、一些面相……。

　　哪怕由波斯傳來的東西，像芝麻、胡餅、石榴、唐朝的馬球、絲綢上流行的聯珠紋、菩薩頭上的日月冠……我可以數一大堆，可又怎麼樣，

我了解了波斯嗎？誰能夠把這些零碎的物品組織起來，告訴我波斯人是甚麼？波斯人在想甚麼？

我們知道希臘神話、羅馬鬥獸場，知道印度瑜伽、佛教，可以評論甘地的不合作運動。對後起的阿拉伯帝國，連小孩也知道飛氈、神燈，還有《一千零一夜》。可是對波斯或伊朗，我們知道甚麼？

伊朗朋友把今天世界上不少行為和物品，都說是波斯的發明或影響，每當我問：「為甚麼我們不知道呢？」他總是忿忿地說：「因為沒有宣傳。」在伊朗住了幾年的中國人都說，伊朗人仍然為歷史的輝煌而自豪，因此跟阿拉伯等伊斯蘭教國家，總是有點格格不入。

纏枝紋的生活情調

伊朗盛產石油，因此在我的印象中，也是沙漠之國。我難以把沙漠和文明古國聯繫起來。

離開德黑蘭，往南飛到伊朗中西部 —— 古波斯的核心。下午時間，很熱。從飛機上俯瞰，只見沙漠，還有成串的坎兒井。下了飛機坐上車，人還是昏昏的。心裏直嘀咕，這麼熱，怎麼產生偉大的文明？

一進城，卻是另一番面目，尤其是伊斯法罕，濃蔭遍佈，草地像波斯地氈那麼厚。哪怕在保留泥磚屋最多的祆教城市阿茲德，土黃色的房子乾巴巴的，一深入住處，出奇不意的碧藍水槽一下吸引住我，一列瓶子形的小噴水口湧出清冽的水流，化解了我一身的燥熱。

這一道直而長，或藍或綠的水流，在富戶巨宅，在詩人墓園，甚至在花園餐廳，從不缺席。在流水之旁，地方小的，擺滿盆栽，鮮花盛放，地方大的，水流變成方池，池旁除了種花卉，還種了層層綠樹，樹叢中擺一張張闊而深的胡床，像我們的羅漢床，鋪上氈子，男男女女在上面吃喝聊天。水和花園在這個荒漠中的大綠洲裏，處處顯出是生活的要角。

這就是波斯花園，重要元素是十字水道，四角種滿花，外有圍牆，它

是波斯人心目中的天堂。據說第一代波斯帝國（約當中國的戰國時期）首都的宮殿建築裏就有花園，波斯的宗教（祆教）可能是世上最早有天堂觀念。這觀念與基督教的天堂、佛教的淨土，可能一脈相承。伊斯蘭教繼承了波斯對花園的熱愛、對天堂的迷戀，《馬可波羅遊記》裏，伊斯蘭教派的山老，以花園、美女迷惑青年，讓他們以為到了天堂。為了長住天國，他們甘心為山老做刺客，完成絕頂艱難的任務。

沙漠中的水池庭院

為甚麼波斯花園的名聲今天不傳於外，讓我早點拜識波斯花園的天國傳奇？歐洲宮殿的花園世界聞名，中國和日本的園林也有國際名聲，而英國園林兼受中國和歐洲的影響，自成一格。我孤陋寡聞，未曾拜識波斯花園的天國傳奇。信奉伊斯蘭教的君皇，無論是攻陷西班牙葡萄牙的北非摩爾人，或者入侵印度的蒙古人，都沒有忘記在皇宮花園或泰姬陵前加添長方形的水池。我一直以為這是伊斯蘭藝術，何曾想到波斯？

伊斯蘭教君皇從宗教角度強調了波斯花園裏清潔的水，卻沒有從生活角度體味波斯花園的花。唐朝人卻為波斯的纏枝卷草紋而興奮，把這圖案大量用在建築和物品上。波斯人熱愛花，所以圖案也充滿花的意象。伊朗清真寺的牆上裝飾了各種卷草紋，在詩人墓園的牆上，寫實的纏枝花卉細畫出每一片花瓣，立體得有如真花，花旁還有睨視的小鳥，千姿百態。想一千多年前，這種活生生的纏枝紋圖案傳到中國，說不定還是波斯花園生活情調的載體。唐初波斯亡國，祆教被伊斯蘭教取代，數以萬計波斯人避居到中國，很難想像他們不把天國一樣的波斯花園一併搬來。可是祆教並不傳教，古波斯人似乎也不熱中向東方友國灌輸思想，歷史長期洗刷下來，我們對波斯的認識，只剩得零星物像。

波斯花園也許千篇一律，但是我愛它和中國園林一樣，可遊可坐，契合生活。在土牆後的花園世界，縱使不能脫下頭巾，卻可以挽起褲腳，泡一下清涼的水。從坎兒井抽取的地下水，冷冽沁入心脾，頭一分鐘涼得從心裏發抖，等泡得久了，漸覺頭腦清明，暑氣全消。

在沙漠綠洲，天堂與花園本來是一個世界。

苦心孤詣的文明

波斯文明在沙漠圍繞的艱苦環境中，為自己營造有如天國的樂園。靠打井技術、配水和節水制度、四面收風同時製冷的風塔、巨大的冰窖、外熱內涼的房子，支持了古代的大帝國，和至今人口眾多的大綠洲。

古波斯正當絲路通衢，富甲西亞，希臘、羅馬和阿拉伯都曾經覬覦它的財富，蒙古也曾經染指，因此戰爭不斷，多次亡國。歷史上與希臘、羅馬齟齬甚深，觸歐美文明之忌，與印度、中國的關係有如細水長流，也就漸漸被遺忘。波斯在東西之中，又在東西之外，大抵這就是我們對它所知不多的原因。

　　其實《一千零一夜》裏面有很多波斯故事。還有，波斯自稱伊朗，意即雅利安人的國家，波斯是別人對它的叫法。

莫克清真寺內一間彩色玻璃裝飾的小殿，該清真寺俗稱粉紅清真寺，位於設拉子，建於19世紀。

伊朗常見的花卉圖案裝飾

19 世紀的伊朗大宅。

伊朗建築重視幾何圖案，這是大宅的天花。

在天和水之間 —— 我終於知道了一點

伊朗和西藏都在高原，都有禿鷲，都有天葬。

伊朗和新疆都遍佈沙漠，都有綠洲城市，都有坎兒井。

伊朗的天葬是祆教習俗，認為人的死體會污染大地，因此天葬，讓飛翔的禿鷲啄食砸碎的屍體，直至片甲不留，以幫助死者升天。祆教徒對死後不污染大地的信念相當堅持，直到當世還有天葬風俗，後來經伊朗政府說服，才改用其他葬儀，我們在伊朗就見過阿茲德最後一代的天葬師，今年已經九十多歲。祆教有二千多年歷史，早於佛教和基督教，祆教天葬也早於藏傳佛教。伊朗和西藏之間這形神契合的天葬聯繫，不能無因。十年

前當我第一次去伊朗，看見祆教天葬台時，我驚訝兩者如出一轍，兩者之間的關係我卻從未聽聞。我沒聽過西藏天葬受祆教影響的言論，伊朗朋友則不知道西藏也有天葬風俗，有幸見識過兩者的朋友，說年輕時看西藏天葬，不懂得問天葬來源這個問題。現在我知道，原來1990年已有熟悉西藏的中國學者霍巍發文，猜測西藏的天葬來自祆教，而祆教的天葬則來自古代中亞的葬俗。

新疆有坎兒井灌溉綠洲，誰到新疆，沒有在綠洲葡萄架下吃過葡萄和西瓜？伊朗和新疆的坎兒井，地上地下看，都是一個樣，這種大規模引地

祆教天葬場

下水的技術，不可能各自獨立發明。坎兒井不光伊朗和新疆有，中亞也有。東西分佈，有如大道。無論在大道上哪一端哪一點首先發明這種水利工程，傳播的痕跡似乎昭昭在目，我卻沒有聽過它的傳播歷史，伊朗朋友也不知道伊朗之外，也有坎兒井。至於坎兒井是中原先有，抑或波斯先有，學者還在辯論。對我，誰先誰後都沒關係，我感嘆的，是那麼具體實在地擺在眼前的事物，只要分在世界兩地，我們就沒法簡單地連起來。當世如此，更不用說古代的事物了。

在西班牙和印度，見到一樣的水池，照出各自輝煌的建築倒映，我們才恍然悟出，東西相距兩大洲，主事者互不相干，原來同是伊斯蘭教的建築藝術。這是我經年累月東飛西飛才得到的感悟。可是見到波斯花園，所感所悟又要變化了，水池到底屬於誰呢？原來還得溯源到波斯。

伊斯蘭教在阿拉伯興起之後，首先攻佔波斯。本來文化程度不高的阿拉伯人，以宗主的身份吸收了波斯的文化，於是波斯的藝術和技術乘着宗教的翅膀，傳到更遠的地方。伊斯蘭的拱頂建築經驗也與基督教堂的互有影響。波斯改宗伊斯蘭教已經一千三四百年，波斯文化程度高，伊斯蘭教宗教勢力強，伊斯蘭教和波斯，到底是誰改變誰呢？

物質被繼承，再變化；繼承者有時將源頭重新理解，或者淡忘。究竟一種行為或者思想，傳到一個地方多久，才會叫做傳統呢？

我告訴年輕朋友，馬球從波斯傳到中國，弄得唐朝上上下下都喜歡打馬球。「這些古代瑣碎事重要嗎？」我看年輕朋友的樣子，猜得出他心裏就是這樣問。「有時重要」，我想說。

佛教說人有我執。我看國家也有我執，忘記了你中有我，我中有你，自己的也曾經是別人的。對任何國家和民族來說，甚麼叫傳統，甚麼叫傳入，向來都是複雜的事情。國家要能夠破我執，世界和平才會有一點基礎。年輕朋友，那麼世界和平重要嗎？

開放和制裁：三十年間伊朗和中國

為甚麼中國和伊朗有那麼多相似之處，連一個當代的年份都巧合地相同？

1979 年中國推行改革開放，向歐美招手；同一年伊朗革命，成為伊朗伊斯蘭共和國，因為革命及其餘波，一直遭受美國制裁。

1979 年，中國已主動被動地閉關三十年；我在 2008 年去伊朗時，伊朗也主動被動地近乎閉關三十年。我親見這兩個封閉三十年的國度，差距之大，令我驚訝。

2008 年的伊朗人民熱情、儒雅，不論城鄉，見到外國人並不驚怪。無論語言通不通，有時禮貌地要求合照；幾個小孩見我們駐足，還隔着馬路，開懷擊節，大唱一曲；伊朗的美女對於我們的鏡頭騷擾，也沒有不耐煩，經常主動嫣然一笑。伊朗人那種慣見世面的大方，令我難以相信伊朗被制裁隔絕了三十年。而且有一件事，令我知道伊朗人對外界並非一無所知。當時我們逛一個伊朗古宅，有個愛看政治經濟新聞的朋友，碰到三個伊朗青年，點頭過後，朋友想考考他們，問青年當時舉行的一個國際活動，不料青年對答如流。反而我這個來自開放地區的人，張口結舌。自忖我也不是兩耳不聞天下事呀，這活動大概也太小了吧，竟然在我眼皮底下溜走了。大感意外的朋友，熱切地拍膊頭拉着三個伊朗青年合照。

1979 年的中國人民貧窮、淳樸，不論城鄉，對外界充滿好奇。那種善意而沉默的好奇，卻令外來者感到不安。

故事從 1970 年代末開始。

長途火車的臥鋪票不易買，我們經常得坐二三十小時的硬座。六個人對面而坐，座背又高又直。

有一次坐得昏頭昏腦，因此寫日記消磨時間。正寫之間，覺得背後有

天真的伊朗小孩，狹路相逢，他們自動唱起歌來。

人在看。一回頭，見幾個人從椅背後面伸着頭在看我的日記。這樣公然侵犯私隱，令我怒不可遏，狠狠瞪他們一眼。怎料他們笑嘻嘻地向我說：原來你也會寫中文。

　　在穿過三峽的長江輪船上，外國人民大多住兩人一間的一等艙，中國人民大多數住擠得多的三等艙。我們買了四人一間的二等艙票，房間有玻璃窗，外面是船舷，在房間內外都可以看見江上景色。我們安頓下來不

久，中國人民就從窗外看我們了。旅行以來，我們被看怕了，想多點空間，又不想拉上窗簾，損失江上美景。於是一個女同學在窗上貼了大大的紙張，上寫：請勿打擾。中國人民樂不可支，乾脆敲門，說想跟我們聊聊天。於是我們快樂地聊了好半天。

在山西大同被看的那次最像默劇。

當日早上還不夠六點就到了大同，去雲崗石窟的汽車還沒有蹤影。冬日的天，下着小雪，陰冷冷的，我們只好呆在幽暗的火車站裏等天亮。車站地上睡滿了人，更不要說座位上了。我們穿得像個大糉子，背着大背囊，傻傻地站着。不久，地上一團團黑色的人慢慢爬起來，慢慢蠕動過來，圍向我們。我們一步一步退到牆角。他們就在我們面前，沒有人說半句話，就這麼看了我們半小時以上。

《世說新語》裏，美貌的衛玠被人看得太多，死了。當時說看殺衛玠。

我們不美，不是衛玠，但也被看怕了。走在街上固然被看，站着等車也被看。有一次我們在園林式賓館的大門口等車離開，被來往的行人看個夠。我不耐煩，躲到賓館的牆後，生悶氣。馬路對面有個行人，扭着頭不轉睛地看我的幾個同學，一不防撞在燈柱上。在賓館外的一個同學笑得好開心。

都不安好心了，被迫得。

我問廣州的表姐，有甚麼好看呢？我從小就去看望外婆，表姐和我很熟。沒料到她說：「我也看呀。我昨天在街上見到一個香港女人，裙子很短，我小跑了一條街跟去看，看她穿這麼短的裙，怎麼坐上人力車。」

前些年有個內蒙古的朋友向我說，他跟十多歲的兒子講到文革時的種種經歷，兒子一臉狐疑，說：「這麼荒謬的事怎麼可能發生呀？」朋友申訴，怎麼才二三十年，就沒有人相信了？

我寫在這裏的，可能也沒有人相信。

恍如隔世。

　　一個八十後的青春朋友說，報刊上凡是 1980 年代前的懷舊，她沒興趣看，因為沒有經歷過，讀起來沒有親切感。

　　我不是懷舊，我在說傳奇呢。

　　兩個文明古國，同一曲折命運；都曾經以文化教育稱盛，都歷盡世局的折騰。只是我們這一方，在折騰中失落的，似乎比伊朗多很多。

第四章相關大事表

年份	中國	事件
前 1000－前 600 年之間	西周	據說先知瑣羅阿斯德創祆教。
前 550 年	東周	波斯第一帝國（阿契美尼德王朝）立國。
前 331 年	戰國	希臘阿歷山大東侵波斯，祆教古經散失。
前 330 年	戰國	波斯阿契美尼德王朝亡。
前 312 年	戰國	希臘部將於敘利亞建立塞琉古王朝。
前 247 年	戰國	波斯第二帝國（帕提亞王朝）建立，漢人稱為安息。
前 119 年	西漢武帝	張騫派副使到帕提亞。
224 年	三國	波斯第三帝國（薩珊王朝）建立。曾重新匯集祆教古經《阿維斯塔》。
3－7 世紀	晉－唐朝	薩珊波斯與東羅馬帝國開展漫長的爭戰與和談。
651 年	唐高宗	阿拉伯帝國倭馬亞王朝滅薩珊波斯，定都巴格達，中國稱為白衣大食。
680 年	唐高宗	第三任伊瑪目侯賽因，被倭馬亞王朝所殺。該日成為什葉派每年的重要紀念日。
750 年	唐玄宗	東部呼羅珊地區的勢力策動推翻倭馬亞王朝，擁立阿拔斯王朝，中國稱黑衣大食。
1258 年	南宋理宗	成吉思汗孫子旭烈兀攻陷阿拉伯帝國首都，後受封為伊兒汗，建立伊兒汗國。
1410 年	明成祖	鄭和船隊第一次停靠霍爾木茲，以後多次到訪。
1502 年	明孝宗	波斯化突厥人成立薩法維王朝（波斯帝國），定什葉派為國教。
1515 年	明武宗	葡萄牙人正式佔領霍爾木茲。
1598 年	明神宗	薩法維王朝將首都南遷到伊斯法罕，大力建設。
19 世紀	清朝	英俄在中東角力，涉及伊朗。
1925 年	民國	巴列維王朝推行西化，又推崇前伊斯蘭的伊朗文明。
1979 年	共和國	伊朗革命，成立伊朗伊斯蘭共和國。

本章參考資料

· Foltz, R., *Religions of Iran: From Prehistory to the Present*, London: Oneworld Publications, 2013.
· Garver, John W., *China and Iran: Ancient Partners in a Post-Imperial World*, Seattle: University of Washington Press, 2006.
· Homa Katouzian, *The Persians: Ancient, Mediaeval and Modern Iran*, New Haven : Yale University Press, 2009.
· 〔德〕廉亞明（Ralph Kauz）、葡萄鬼（Roderich Ptak）著，姚繼德譯：《元明文獻中的忽魯謨斯》，銀川：寧夏人民出版社，2008 年。

歐亞碰撞最前沿的土耳其

土耳其的
大國旗

　　你有留意嗎？在土耳其旅行，到處都見到國旗，而且出奇地大，又出奇地豎得高：豎在建築物旁的有五六層樓那麼高，甚至在博斯普魯斯海峽的小山之巔，也高豎巨幅國旗。我滿心疑惑，難道伊斯坦堡不刮風暴？我也算走南闖北到處跑的，好像還沒有見過像土耳其這種國旗權威。約旦在首都立了一支號稱世界最高的旗，也就一支而已，沒有隨處都豎。

　　土耳其處於絲路上歐亞相接最前沿的土地上。這裏曾經有歐洲稱盛的東羅馬帝國，也有伊斯蘭文明最後一個雄視歐亞的帝國奧圖曼，既可稱為東西交匯，也背負着歷史上無數悲歡。東羅馬被奧圖曼帝國取代，成了歐洲文明的一個鬱結，到西歐領風騷的時候，奧圖曼的突厥族大受貶損。除了大國爭雄留下的傷痕之外，曾經滄桑的土地上，還充滿各有歷史的人民。

　　同是絲路沿線的大國和古文明，土耳其與東面的印度、伊朗相比，它的故事有一個基本分別：這片土地的歷史是跳躍的、激動的。印度、伊朗也有歷史起伏，甚至曾經亡國，它們的歷史長河也常因應新形勢而改道，

但是它們的文化本體，它們的認同方向，有強烈的延續性。

由於離學習之源很近，百多年來，奧圖曼和土耳其在推行西化以尋求現代化方面，曾經引起中國知識分子密切關注，土耳其的西化政策也曾令世人刮目相看。但在一個恩怨交纏、錯縱複雜的環境裏，現代化之路一點不易走。

土耳其立國者一方面跟奧圖曼帝國切割，實行西化，一方面發掘和宣揚突厥族的光輝。雖然奧圖曼帝國曾被俄皇稱為歐洲病夫，但努力西化的土耳其，卻沒有被歐洲接納為一員，只在二次大戰時，曾受到歐洲各個交戰國拉攏。歐盟成立，多年來土耳其一直申請加入，沒有成功。蘇聯解體的時候，土耳其曾經想在俄國和中亞的突厥—韃靼族裏發揮影響力。今天有人說它走向新奧圖曼主義，要在伊斯蘭世界重佔一席位。

在一個關鍵的地理位置，負擔着悠久的衝突和融合，土耳其如何團結國民？如何面對現代化、面對民族主義和伊斯蘭教復興的訴求？

那些大國旗在號召着甚麼？

▼ 到處高豎飛揚的土耳其國旗

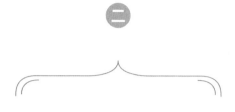

所謂東西方
交接處

　　土耳其位處所謂東西方交接處，這東西交接，到底是甚麼面目呢？

　　一講到東西方交接，世人的焦點常常放在跨歐亞的大城市伊斯坦堡。但土耳其國土只有 5% 在伊斯坦堡和巴爾幹半島，而 95% 在小亞細亞。小亞細亞也很有歷史，在東西交往上有重要性，有角色。許多人去土耳其旅行，都去過小亞細亞，因為那兒有熱門景點：棉花堡、奇石林、以弗所、伊茲密爾（Izmir），但是走馬觀花，只視它的內陸為比伊斯坦堡落後的鄉村。它的海邊

▲ 希臘神話中的月亮女神，又是生育女神。最大的神廟在小亞細亞的以弗所，曾稱為世界七大奇跡。

▲ 小亞細亞中部以奇石聞名的地方，曾是受羅馬帝國迫害的基督徒避難處，今天是旅遊勝地。

為希臘歷史和聖經上演的舞台。

伊斯坦堡只是一個點，我們應該向東向西擴展，將小亞細亞和希臘放到東西交接的面上。

小亞細亞的輝煌

小亞細亞東面是兩河流域的肥沃新月帶，南面是地中海。最早的人類在這兩個地區打拼，小亞細亞也有參與。在土耳其接近敘利亞的地方，曾發現一萬二千年前的石陣，面積極大，震驚文明史研究者，這個地方也屬於兩河的肥沃新月帶。令人驚異的是這個石陣並非農業定居者的遺存，而是狩獵者留下的。

約當中國商朝的時候，小亞細亞中部曾經有一個赫梯帝國（Hittite，或譯西台），在新王朝（前 1400－前 1200 年）時曾經超越巴比倫，並且和埃及強悍的法老拉美西斯二世作戰。最後這兩個早熟的霸主簽訂了世界

上現存最早的和約，原件在埃及和土耳其的博物館裏還放着。早熟的亦早亡，埃及如此，小亞細亞也是近似的命運。赫梯帝國之後，小亞細亞再沒有自主的大王朝。

另一方面，希臘人持續移居到小亞細亞西部沿岸，建立了好些城邦。荷馬史詩中有關木馬屠城的戰場就在小亞細亞沿海。後來成為希臘三大柱式的愛奧尼亞柱，是以小亞細亞的愛奧尼亞地方名命名的。羅馬時代，小亞細亞的角色不彰，但後來成為羅馬國教的基督教，在小亞細亞一直傳播，耶穌的母親瑪利亞就終老於以弗所。

小亞細亞處在東西方國家對抗的前線，由波斯、希臘馬其頓、羅馬、奧圖曼輪番統治。這有點像中國的山西，作為京畿的屏障，幾許英雄曾灑下歷史血淚，但世人只記得西安和北京。小亞細亞成為波斯或者羅馬帝國的一部分時，它自身的重要性隱沒了。但不在視線焦點，不代表能夠忽略。

希臘化的羅馬帝國

330 年羅馬君士坦丁大帝遷都到小城市拜占庭，稱為新羅馬。這個小城市成為君士坦丁堡，今天叫做伊斯坦堡。

東西羅馬同為一國，這樣的情況維持了一百多年。4 世紀初的中國史籍裏大秦和拂菻兩個名字並存，可知當時中國是得到羅馬有東西的新消息。476 年西羅馬滅亡，只剩東羅馬，即後世學者所稱的拜占庭帝國。

東羅馬帝國在帝國的東部，東地中海地區是它的基地。東羅馬帝國處身在希臘和小亞細亞的文化圈範圍，受希臘、東方、基督教三種因素影響，而基督教的萌生，也在東方。既然進入了另一個悠久的文化系統的範圍，它的體質也就漸漸跟原來的羅馬帝國不一樣。帝國的居民以希臘人和其他希臘化的民族為多，連皇帝和貴族也多是希臘或小亞細亞人。6 至 7 世紀，大量講希臘語的斯拉夫人遷到巴爾幹半島，加入為東羅馬帝國的一

員。起初東羅馬帝國還是以拉丁語為官方語，民間才講希臘語等。後來希臘語的地位逐漸超過拉丁語，12世紀以後，東羅馬帝國變成不講拉丁語的羅馬帝國，連政府體制也不同於建都羅馬時的羅馬帝國，它是世襲的！信仰的是曾經被羅馬帝國打擊的基督教，而且皇權跟基督教緊密結合。雖然東羅馬帝國也繼承了羅馬帝國許多遺產，例如法律傳統，但是稱為羅馬帝國還是易於誤會，所以學術界給它一個新名字：拜占庭帝國。

但是這個希臘化的新帝國並不等於古希臘文化復興，因為以基督教為國教之後，原來的希臘羅馬多神教變成異教，古希臘的學問也受壓抑，雅典學院亦關閉了。東正教是帝國的標準意識形態。

定拜占庭為東都之後，東羅馬帝國經過許多王朝，維持了一千一百多年才滅亡。在中國，已是明朝了。那麼長的國祚，自然留下深刻的足印。

▲ 代表東羅馬神權與皇權的馬賽克畫像

在東面，與西亞的大帝國 —— 波斯、阿拉伯、塞爾柱、奧圖曼長期爭衡；在西面，與羅馬天主教會、十字軍也有交鋒，除了承受東方強國的壓力，也曾因十字軍「過境」而幾乎亡國。既羅馬又希臘又東方的這個國家有不少成就，也留下許多建設。建於 6 世紀的聖蘇菲亞大教堂，就成為後來者所仰望，以及在伊斯坦堡建築清真寺的模仿對象。

1453 年，基督教的東羅馬帝國亡於伊斯蘭教的奧圖曼帝國之手。兩個帝國在宗教的、族屬的分歧，加上羅馬帝國殞落的悲傷、兩千多年東西爭衡種下的恩恩怨怨，令伊斯蘭世界和基督教世界新增一重敵我之防，延續到今時今日雙方的政治話語中。而後來從奧圖曼帝國廢墟上破土而出的土耳其，亦背負着複雜的歷史情結。

長途跋涉到來的突厥人

在希臘、拉丁、波斯、阿拉伯等多族爭雄的土地上，最後插上一手的奧圖曼帝國，君主是突厥人。一講到突厥，熟悉中國史的自然會想到隋唐時代，稱雄蒙古高原和中亞的突厥帝國。但是從突厥這個名字出現在中國史籍，到奧圖曼帝國攻陷東羅馬首都，時間相差近一千年，地域的直線距離超過五千公里，究竟此突厥是不是彼突厥呢？

學者 C. V. Findley 有一個十分精彩的「突厥長途跨洲汽車」（Trans Asian Turkish Bus）比喻，實在忍不住要在這裏複述一下，藍字資料是據我的理解而加進去的內容，大家可以自己修改填寫：

從現代土耳其這個國家來回看突厥人的來源和土耳其人的身份，所謂突厥特質的情況，就有如一台長途汽車由東到西橫過亞洲。

這汽車的路程很長，沿途有很多站（突厥帝國、伽色尼王朝、塞爾柱帝國、回鶻汗朝、哈薩克汗國、帖木兒帝國、奧圖曼帝國等）。每個站都有人上下車，而且把大堆不同行李搬上搬下（烤肉串、蒙古包、瓷器、地

▲ 聖蘇菲亞教堂以穹頂高聳、室內空間宏大著名。

▲ 伊斯坦堡的著名清真寺，俗稱藍廟，仿聖蘇菲亞教堂外形及內部高廣的空間而建。

氍、細密畫、波斯風尚、蘇菲派等）。乘客（韃靼人、哈薩克人、烏茲別克人、土庫曼人、吉爾吉斯人、塞爾柱突厥人等）大部分不管汽車的起點和終點，其中許多乘客只想坐一兩個站。

車上的乘客可能從未想過他們和其他乘客有相似之處。

有時汽車壞了，要用路上找來的零件來修理（波斯的管理制度、塞爾柱的奴隸制度、伊斯蘭教等）。

當汽車到了土耳其時，已經很難說有沒有乘客或者行李是從起點一直到終點的；如果有，又是誰。而這汽車也跟出發時不同了，但仍然叫做「突厥長途跨洲汽車」。

突厥故事饒有興味之處，是絲路沿線的族裔，像印度人、伊朗人、阿拉伯人基本上仍在原地，最多就是擴大了範圍，而突厥人卻縱走長途，走了近十個世紀，而且今天在西進之處仍有一個以突厥（土耳其）為名的現代國家。13 世紀時西侵，橫掃歐亞如旋風的蒙古，在亞洲西面卻沒有維持一個蒙古國。西走的蒙古人去了哪裏？基本上融入突厥和韃靼人裏。

我們都自稱漢人，但我常常問同胞朋友：如果我們回到漢朝，見到漢武帝，他會認為我們是漢人嗎？他可能滿腹狐疑：怎麼自稱我後裔的人說的話我似懂非懂？為甚麼他們的行為那麼古怪？這些傢伙對生死榮辱的想法簡直難以了解呢！

我們和漢武帝都是漢族嗎？我們能說此漢族就是彼漢族，又或者此漢族必非彼漢族嗎？比起突厥，漢族還簡單些，漢族從來沒坐長途越境汽車呢！

此突厥是否彼突厥，我也以同理思之。說同，肯定錯；說毫無關係，也不全對。人文世界的答案從來就沒有滿分，不是嗎？

總之，小亞細亞和巴爾幹半島的形勢本來已夠複雜了，突厥族這獨特的長途跨洲遷移，等於在本已搞得混和又混亂的地方，撞入一輛乘客隨上

隨下旅行車。

突厥的西進歷程

最後到達小亞細亞和巴爾幹半島的突厥，假如他們有人從第一站就上車，他們的路線是怎樣的呢？簡單勾勒的話，首先，由歐亞草原東部——即蒙古草原和中亞草原壯大，然後進入中亞絲路，沿絲路去西亞，再進入小亞細亞，跨過海峽，到巴爾幹半島。就是說在中亞離開草原之後，走的是絲路主幹道。草原上不斷有遊牧族中途加入，他們過的已非純粹的遊牧生活。

羅馬和西突厥的遠交近攻

突厥是蒙古高原和中亞草原上，繼匈奴、大月氏和鮮卑、嚈噠（白匈奴）和柔然之後興起的。突厥橫跨廣大草原，由於內部權力分配而分為東西。西突厥的勢力東起阿爾泰山，西到中亞，因而涉入絲路西面的交往圈。

西突厥曾經跟東羅馬帝國來往。事緣薩珊波斯壟斷絲路貿易，東羅馬多方企圖突破，除了打貿易戰，又打算繞海路。這時西突厥已控制了中亞絲路，治下的中亞粟特商人掌握着生絲貨源，他們的同胞在中國境內甚至有絲織作坊，但在波斯境內貿易也不得要領，於是極力推動有軍事實力的西突厥幫他們做生意。於是西突厥和東羅馬帝國多次通使，既洽談絲綢生意，又商議聯手進攻波斯。中間隔着波斯，兩方的使者怎麼通呢？第一章不是說過草原之路比絲綢之路出現得更早嗎？西突厥當然可以走草原之路：由中亞出發，直奔裏海西北岸，翻過高加索山到黑海，再到東羅馬首都君士坦丁堡，即今天的伊斯坦堡。這片歐亞大草原西段地帶有許多遊牧族，沒有統一的領袖，作為遊牧帝國的西突厥比東羅馬人懂得應付。西突厥的汗還打聽過巴爾幹半島的地理及河流，知道怎樣抄東羅馬帝國的後路呢！

其實這種遠交近攻的手法，西突厥曾經受益。此前薩珊波斯對付稱雄中亞的嚈噠，就是與嚈噠背後的西突厥聯手，而西突厥由此得以控制中亞絲路。

657 年西突厥被唐軍聯合回紇軍所滅，而之前東突厥已被唐朝消滅。由立國到滅亡，突厥草原帝國只存在了一百年左右，但它是蒙古之前最後一個稱雄歐亞草原的強大遊牧帝國，將許多歐亞草原的部落收歸旗下。

進入中亞綠洲

突厥帝國亡了，那麼突厥長途跨洲汽車停駛了嗎？不是，早期草原上的帝國，忽聚忽散是常態。突厥衰落，部眾有些投靠唐朝，唐代名將哥舒翰就是突厥貴族，至於蒙古和中亞草原上，則依舊有說突厥語的遊牧部落

▲ 伊斯坦堡街頭有不少窄巷茶館。兩個年輕人在捉雙陸，這是一種遼朝十分流行的棋戲。

馳騁。幾個世紀之後被蒙古所滅的乃蠻部太陽汗，就號稱是突厥的一部。雖然蒙古未興之前，草原上再沒有大國出現，但各種汗國此起彼落。

散處在中亞北面草原上的遊牧部落，繼續過着風吹草低見牛羊的日子。生活好像很平常，但歷史正蓄積着變化之力。波斯和羅馬長期互攻，兩國都耗了國力。西突厥滅亡之前幾年，波斯突然被信伊斯蘭教的阿拉伯人消滅了。波斯和西突厥雙雙滅亡，而唐朝又在兵敗於阿拉伯之後，退出中亞。中亞只餘阿拉伯人的勢力，但中亞不是阿拉伯人攻掠的焦點，他們在中亞只是反覆進退。中亞居民不得安寧，人口銳減。

同時隨着伊斯蘭教的傳播，草原上有些突厥部落轉信伊斯蘭教。幾個世紀之後，阿拉伯帝國的鋒芒消減了，中亞的人口又減少，這個機緣使突厥部族和它的結盟者逐漸由草原跨過大河，進入中亞的綠洲，定居下來，其中就有後來奧圖曼帝國開創者的遠祖烏古斯（Oghuz）突厥人。因為突厥勇悍，伊斯蘭教的王朝就用為僱佣兵或者奴隸。我們覺得奴隸應該很悲慘，但這裏的奴隸不是受奴役、被殘害的意思，或許我們用滿清包衣的觀念來理解會好一些，包衣對着主人也稱奴才，但他們可以居高位。曹雪芹的家族就是包衣，卻是康熙派到江南的心腹，看榮寧二府的架勢，比你我這些自由人氣派多了。

西進再西進

突厥人在伊斯蘭教國家裏逐步掌權。阿拉伯帝國有些君主想壓抑一下朝中波斯人的勢力，也會起用突厥人。終於突厥人不光掌權，還建立王朝，凌削阿拉伯帝國的勢力。塞爾柱就是其中有名的，它攻佔阿拉伯帝國的首都巴格達，把黑衣大食（阿拔斯王朝）的君主變成它的傀儡。但是塞爾柱帝國轄下也有大群信伊斯蘭教的遊牧突厥人（如土庫曼人），這些崇尚勇武的戰士，既是帝國開拓的動力，也威脅到帝國的安危。與其讓他們居中為患，不如讓他們做宏教戰士，去進攻異教徒，攻佔東羅馬帝國的土

地。於是他們窺伺當時屬於東羅馬的小亞細亞。

　　阿拉伯帝國滅了波斯，東羅馬帝國苟延殘喘，卻沒有滅亡，後來還迎來一段黃金時期。當一支生氣勃勃的塞爾柱突厥人迫近小亞細亞時，東羅馬帝國正應付西面之敵。偶然一戰，舊帝國戰敗了，突厥人打開了進入小亞細亞大地的門，並進佔至小亞細亞西岸。不過，他們受得住十字軍東征，卻敵不過蒙古。當十字軍蹂躪東羅馬帝國首都時，支配 13 世紀世界大勢的蒙古大軍，突然中止了突厥人的擴張。

奧圖曼帝國：由伊斯蘭教保護者到歐洲病夫

　　至於奧圖曼帝國，起初只是東羅馬帝國邊一個小國。

　　蒙古軍滅了在巴格達的塞爾柱帝國，塞爾柱帝國在小亞細亞的分支則變成蒙古的附庸國。本來忙於東西兩頭招架的東羅馬帝國，因此暫時活下來。

　　這個塞爾柱帝國的分支叫魯姆塞爾柱（Rum of Seljuk，Rum 是阿拉伯對小亞細亞的叫法）。做附庸，也得要團結內部，但是後來它做不到，境內的諸侯紛紛自立。其中包括一個 1299 年在小亞細亞西北建立的酋長國，領袖奧斯曼（Osman）自稱源於烏古斯（Oghuz）突厥。誰會想到這個伊斯蘭教戰士小國後來成為強大的奧圖曼帝國，滅了東羅馬帝國呢？這一年，蒙古人的伊兒汗國還在。

　　這個小國一直出很多英明領袖，迫得東羅馬帝國瀕於滅國。不過帝國之路沒有那麼容易，它沒亡於蒙古，卻亡於新興的突厥—蒙古帝國之雄帖木兒。由於戰績彪炳的領袖被帖木兒俘虜，奧圖曼帝國的歷史出現了十年沒有領袖的空白期。然而一旦重新有了領袖，還不到半個世紀，它就滅了東羅馬帝國。事實上東羅馬首都當時已是腹背受敵了。此前為了對抗敵對家族，東羅馬皇帝引奧圖曼人為軍事支援，結果失去巴爾幹半島，君士坦

丁堡變了孤城。1453 年君士坦丁堡陷落，易名伊斯坦堡。

要明白奧圖曼的帝國之路，可以跟秦國由諸侯到稱帝的路比較一下。

秦國有穆公、孝公、惠王、始皇，不斷改革，奧圖曼帝國也是隔不久就出現英明勇武的領導者。帝國不是以伊斯蘭的原則選舉領袖，而是按中亞草原的傳統，一直由創立者的家族統治。

秦國人民本來強悍，經過商鞅改革，更是人人重視軍功；奧圖曼的社會也是為征戰而組織起來的，軍人是特殊階級。以慣於作戰的突厥部落作為伊斯蘭宏教戰士，長期在邊境跟東羅馬作戰，稱為加齊（Ghazi）。奧斯曼酋長國長期在小亞細亞前線，它的領袖的責任就是帶領戰士南征北討，實踐加齊精神。這大隊戰士是以封地的賞金來支持的，不必影響政府財政。這種軍事化的社會體制，令它的戰士精神維持了較長時間，戰績彪炳。

秦國在始皇之前幾代，還因君主早死而受制於西戎；而 1402 年奧斯曼

▲ 圖中繪下 1453 年，奧圖曼軍隊攻陷君士坦丁堡的戰爭場面。

▲ 奧圖曼的蘇丹面目特徵是長臉，鼻高而有結，膚色白。

酋長國亦曾被帖木兒打敗，降為附庸。但沒多久這兩個強人領導的軍事化
社會就再崛起。

　　除了吞併東羅馬帝國，隨着領土擴張，奧圖曼帝國還入侵阿拉伯半
島，領土包括麥加、麥地那兩個聖地，一躍成為伊斯蘭教的保護者，奧圖
曼蘇丹兼為伊斯蘭世界的領袖哈里發。

　　但是奧圖曼跟秦國有不一樣的地方。秦國由立國到秦朝滅亡，雖然
有五百多年，但統一天下到滅亡，則不足十五年。而奧圖曼則維持了
六百二十四年，即使從吞併東羅馬帝國開始計，也有四百七十年。雖然這
個帝國的活力在 17 世紀已慢下來，到 18 世紀更已呈現衰落之象，縱使不
斷改革，還是沒法扭轉乾坤，被俄國沙皇嘲為歐洲病夫，甚至有被歐洲列
強瓜分的危險，但它還是延到 20 世紀初，才咽下最後一口氣。悠長的時
間，讓它對核心國境烙下足夠深的烙印。

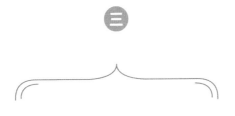

各色文化
一爐共冶的經驗

　　奧圖曼以武力得天下，但並不是草原上倏興倏滅的帝國。它強調草原民族的勇武精神，但又尊崇高級伊斯蘭傳統。這個高級伊斯蘭傳統傳承自阿拉伯帝國和伊斯蘭教國家，因此在國家管治以及文化學術方面，尤其在專業的官僚訓練和理財上，都深受波斯的影響。宏教戰士以異教徒為目標，這當然跟伊斯蘭教有關，然而給予封地向其收稅的做法，卻有羅馬和古波斯的影子，甚至可能直接仿自東羅馬帝國。由於採用一種訓練奴隸為管理者的制度，它的精英階層有不少來自基督教家庭，這種特殊的制度承襲自黑衣大食（阿拉伯帝國阿拔斯王朝）和塞爾柱帝國。奧圖曼帝國實行宗教寬容政策，猶太教、基督教都受保護。為了和歐洲打交道，又倚重很多希臘人。

　　因此，光以東方對西方、伊斯蘭教對基督教、武夫對文明人這些二分法，來看待奧圖曼在歐亞之間的角色和貢獻，是生硬無理、自以為是的。

雖然土耳其由瀕於被瓜分的奧圖曼帝國中橫空出世，而且曾經急於跟老朽的帝國割蓆，但是歷史可以割蓆，文化不可以割裂。當世的土耳其還有許多來自奧圖曼帝國，以及由帝國的各種前身所攜帶來的因素。

　　無可否認，奧圖曼的傳統社會是一個階級社會，分為特權階級和平民兩層。特權階級包括軍人、官僚和宗教人士，他們免稅。平民佔社會大部分，交稅供養着上層人物，不易進入特權階級。穆斯林和非穆斯林也有不同稅收，以至一些行為上的限制，如不能騎馬等，但非穆斯林的生命財產受保護，自己管理自己的社區，奉行原來的習俗，在民事上沿用自己的法規，伊斯蘭法不用於非穆斯林。東正教和羅馬天主教、天主教和新教之爭，深為巴爾幹半島的基督教徒所苦，奧圖曼入侵時，他們甚至寧願選擇奧圖曼管治。

　　雖然帝國承繼了這個那個的舊制度，但亦要改革和發展。例如由軍功封地賞金支持的宏教戰士（加齊）的體制，雖然曾經有利於疆土開拓，但為了阻止這些戰士集團坐大，奧圖曼蘇丹要加強中央集權，削弱宏教戰士的勢力，於是利用舊有的奴隸制度。突厥人應該熟知怎樣精心訓練侍奉蘇丹的奴隸，讓他們成為軍政上層人物的做法，因為篡奪阿拉伯帝國的塞爾柱突厥人，就是從這種途徑出身的。奧圖曼人從他們的小亞細亞舊領袖處承襲這種制度，但不是由境外引入奴隸，而改為從所征服的巴爾幹半島基督教家庭徵取。經挑選的八至二十歲青少年，先送到伊斯坦堡，改宗伊斯蘭教，並忠於蘇丹。然後接受精良訓練，優異的會授派高級官職，其他則加入近衛軍。

　　對於奧圖曼人建立帝國以及調適制度的努力，許多研究者都認為不應只以「馬上得之，馬上治之」來貶抑和無視。前現代社會不少是階級社會，但不代表它沒有社會理想。奧圖曼人有一個伊斯蘭社會的理想 —— 以「公正的循環」治國。這個想法 11 世紀已出現在中東，16 世紀由奧圖曼帝國

的詩人鑄而為詞。這個循環的觀念就是：

世界這個花園，以國為牆。

國家由法律支撐，法律由國王管理；

國王有如牧人，受軍隊支持；

軍隊兵士要有金錢給養，錢財由人民積累；

人民是僕人，服從公正；

公正就是幸福，就是世界的福祉。

這個循環體現一種軍人和平民階級社會的政治倫理。為了表示蘇丹的公正，要樹起一個高聳的公正塔，象徵他可以看見所有臣民，這是一種古老的觀念。

雖然奧圖曼帝國產生過許多出色的領導人，但是生命力終有慢下來的時候。16 世紀末，奧圖曼的艦隊還能在印度洋打敗葡萄牙人，但攻守之勢已逐漸改變。奧圖曼帝國減少了動力，沉醉於伊斯坦堡和伊斯蘭世界主人的身份。而海運的開拓，逐步蠶食帝國的財政收入。18 世紀時，公正的循環失效，國內腐敗，軍隊膨脹，俄國及西歐列強環伺。19 世紀末，帝國面臨瓜分的危險，終於在第一次世界大戰之後覆滅。

奧圖曼帝國既繼承東羅馬許多居民，又是最後一個伊斯蘭教帝國，在歐亞交接處雄踞了幾百年，與這片土地和人民已經糾結難分。縱使已覆滅，一定仍留下深深的足印。

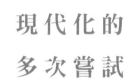

現代化的
多次嘗試

帝國的改革

清朝中國和奧圖曼帝國一東一西，都被稱為病夫，都有被瓜分的危險。中國知識分子曾經十分關注奧圖曼和土耳其的改革，希望能夠作為中國的明燈。

兩國都面對當時世界上所有古老文明的命題：怎麼能夠現代化而不西化。

由於地接歐洲，近水樓台，奧圖曼帝國的現代化嘗試，比中國早了近一百年，但過程亦十分反覆。18 世紀後期，年輕的蘇丹塞林三世（Selim III，1789－1807 在位）登位的時候，正值法國大革命捲起的風雲，籠罩歐洲，然後是拿破崙的軍事行動。乾隆（1735－1796 在位）還在位的最後幾年，年輕蘇丹已經動手改組行政和軍事組織，在歐洲國家成立使館。

但改革動搖了原有的勢力，近衛軍叛變，蘇丹被殺。然後發生一連串的改革派和反改革的軍事衝突，君主頻頻變換。不過最後改革還是繼續，而修鐵路、設電報、教育改革、設翻譯局等亦紛紛上馬。為了紓緩基督教歐洲施加的壓力，亦推動伊斯蘭教徒和非教徒在稅收、參軍等方面平等。在社會結構方面，去除封地領主制度、去部族化等亦早已開始。1876年頒佈憲法，成立議會。這期間，要吸收多少歐洲的觀念，要保留多少本有的價值觀，這類爭論絕對不少。青年土耳其黨人都有在歐洲生活的經驗，把大批改革派組合在旗下，在變革裏擔負相當角色，甚至掌握了實權。

然而在複雜的歐洲國際政治角力場裏，奧圖曼帝國的改革並沒能使它避免覆亡。為了抵抗已到了門口的俄國，青年土耳其黨人主持的政府選擇遠交近攻，與德國親近。由於在第一次世界大戰時與德國結盟，結果淪為戰敗國，不少青年土耳其黨人流亡。英、法和希臘率軍入侵，奧圖曼帝國瀕臨瓜分，伊斯坦堡風雨飄搖。

由小亞細亞出發的土耳其

土耳其是在奧圖曼帝國面臨瓜分的局面下冒出來的。反擊在小亞細亞策動。

壯年軍官凱末爾（Kemal Atatürk，1881－1938）屬意改革，但不屬改革派核心人物。一戰後列強企圖瓜分奧圖曼帝國、希臘入侵，狂瀾正倒的一刻，他潛到小亞細亞組織地方軍力，以民族命運號召對抗英法和希臘軍隊，得到各地響應，希臘、英、法軍被挫。1923年，逃過瓜分命運的土耳其誕生，成為繼日本在1905年打敗俄國之後，第二個打敗歐洲軍隊的東方國家。凱末爾被尊為國父。

凱末爾領導的土耳其，與奧圖曼帝國劃清界線。首都搬到小亞細亞的安卡拉。他拒絕蘇丹或哈里發的銜頭，決絕地放棄從前奧圖曼帝國作為伊

▲ 19世紀後半期建成的奧圖曼帝國新皇宮，風格西化。

斯蘭世界領袖的角色。他在演講中說土耳其不能總幻想自己是世界的主
人。他亦因應歐洲的民族主義潮流，摶造土耳其族，使土耳其成為一個
民族國家，而不是奧圖曼帝國的多民族國家。作為一個民族國家，而不是
帝國，土耳其有國界，他不要求收復奧圖曼帝國失去的領土。雖然境內有
其他民族，像庫爾德人，但他企圖令國民團結在土耳其人這個身份之下。
這有點像中國推翻滿清之後，使各族團結在中華民族的旗號下。無論土耳
其或中國，都在回應民族國家的風潮，不同之處是中國沒有否認是多民族
國家。

凱末爾的功績雖然是抗英法瓜分，但他不把西方視為敵人，反而視為模範。土耳其的改革朝着歐洲模式的現代化行進。實行共和政體，主權在民，宗教自由，只要認同為土耳其人，人人權利平等，男女亦平等。全國設中小學，伊斯蘭教經院不再承擔主要的教育責任。政制上宗教和政治分離，亦沒有國教，但絕大多數人是伊斯蘭教徒。土耳其的模式在伊斯蘭世界被稱為世俗主義。他甚至提倡禮拜用土耳其語，而不是阿拉伯語。以羅馬字母取代阿拉伯字母。女子不用戴頭巾。為了跟歐洲看齊，男子穿西方服飾。圓筒形、高身、紅色的帽被視為奧圖曼帝國的保守象徵，不許再戴。

民族國家的掙扎

「突厥」和「土耳其」的突厥語原文相同，但中文在翻譯時加以區別，突厥是個古帝國、古民族名，而土耳其則是 1923 年成立的國家。不管這翻譯的區分出於甚麼動機，土耳其人確實不一定是突厥族。突厥族是新加入到這片土地的民族，而伊斯坦堡和小亞細亞有原居民，也有希臘以至其他地方的移民，曾經有古文明，也曾經受東羅馬的希臘和基督教文化影響；突厥族到來幾百年，與當地人通婚，原居民經過改宗，然後混同形成今天的土耳其人。

希臘被西歐各國追溯為歐洲文明之源，所以希臘爭取從奧圖曼帝國獨立時，得到西歐列強的鼓勵，英國詩人拜倫為幫助希臘獨立戰爭而死的故事，傳誦至今日。土耳其立國之前一百年，希臘在歐洲國家幫助下獨立。為爭取獨立，希臘將奧圖曼描述為障礙，是要清除的落後因素。但事實上，希臘已不是古典的那個希臘，居民成份有不少改變。作為人民，土耳其人和希臘人在奧圖曼帝國治下曾共處五百年，雖然各有特點，但文化上、感情上亦形成很多共享的元素。1923 年土耳其立國，為了建構民族國家，兩國曾經交換人民。

至於突厥族，明白前面長途汽車的比喻，才會明白畫面有多麼繽紛。突厥族並不只住在土耳其，中亞和南俄草原上都有突厥族。今天俄羅斯的第二大民族 ── 韃靼，也有突厥族的成份，但不全屬突厥。韃靼只是籠統的稱呼，裏面混合了西侵的蒙古和原來草原上的遊牧族，也包括後來才移入的蒙古部落。克里米亞的韃靼人勢力還盛的時候，曾經跟奧圖曼人聯盟。在近代風雲之中，俄羅斯的韃靼族曾經跟突厥族靠攏。突厥族的語言相近，但因為分佈廣闊，所以其他方面可以有很大分別。例如在宗教上，雖然很多是伊斯蘭教徒，但是俄國的韃靼有不少信東正教，清朝才移入的西部蒙古族更從未信過伊斯蘭教，而是信藏傳佛教的。

　　其實中外的社會學家像韋伯和費孝通都指出過，族屬是主觀的信念，多於客觀的血緣；費孝通一針見血地說，民族是一種虛擬的血緣關係。

　　凱末爾雖然拒絕奧圖曼帝國，但擁抱突厥族這個身份，一方面努力發

▲ 奧圖曼帝國的突厥風格皇宮外望。從皇宮可俯瞰伊斯坦堡。

掘突厥族的光榮歷史，另方面將小亞細亞發掘出的古文明都視為土耳其族之祖所創造。

由西進的突厥演化出名為土耳其的國家，演化出突厥—土耳其人這身份，可以說是凱末爾和他那個世代的土耳其人的認同選擇。但是凱末爾還選擇了拒絕當時流行的「泛……主義」風潮，他拒絕泛突厥主義。

對於同樣繼承自奧圖曼帝國的伊斯蘭教，凱末爾曾選擇淡化，土耳其的世俗化道路曾經備受注目，看是否古老伊斯蘭文明的一條出路。土耳其九成多國民是伊斯蘭教徒，雖然政教分離，但伊斯蘭教的價值觀是強大的存在。魅力領袖凱末爾的切割，並不是沒有人反對，只是反對者當時敢怒不敢言。但魅力領袖去世已大半個世紀，而且時移世易，禍福相依，原有的價值觀也會有新支持者。希臘早已是歐盟成員，土耳其走了長長的西化、現代化之路，但多年來申請進入歐盟，卻一直被拒門外。今天土耳其的鐘擺是不是又擺向伊斯蘭價值呢？

凱末爾雖然跟奧圖曼帝國割蓆，但奧圖曼帝國是各個突厥伊斯蘭帝國中最強大和持久的，曾名義上統領全世界的伊斯蘭教徒；現在土耳其要重新聯合全球被壓迫的伊斯蘭教民族，又把奧圖曼帝國的宗教寬容政策，提升為世界性的寬容政策，提出文明對話，互相寬容。非伊斯蘭世界應該怎樣回應呢？

五

體驗筆記：土耳其

●●●●●●●●●●●●●●●●

罩袍下的土耳其：開放還是保守？

土耳其是盛行伊斯蘭教的國家，但是以世俗化為國策。

怎麼世俗化呢？遊客最直接感受到的，是這裏許多女子不包頭巾，還有許多男子在喝酒。我問導遊，《古蘭經》上不是說不可以喝酒嗎？怎麼你們喝酒？導遊說，不可以喝的是葡萄酒，沒有說不可以喝白酒。我不知道導遊的這個答覆有多認真，總之，我買了一瓶在土耳其有國酒地位的烈酒 Raki 當手信送給朋友。

位於歐亞交接之處的土耳其，經受過最激烈的東西文化衝突。不光是基督教的東羅馬帝國亡於伊斯蘭教的奧圖曼帝國；在這之前，東羅馬帝國作為基督教的東正教中心，曾經被羅馬公教（中國譯為天主教）的教徒當作整肅對象。第四次十字軍東征，目標不是耶路撒冷！十字軍攻破東羅馬的首都，把它打個落花流水。這個撐了一千多年的老帝國從此徹底衰落，終於落入奧圖曼帝國之手。

可以想像，承接奧圖曼帝國的土耳其，也承接了很多文化經驗和歷史

教訓。所以，在歐洲列強入侵之下、由奧圖曼帝國解體而來的土耳其，自1923年建立以來，一直提倡世俗化的宗教態度。

可是街頭不時出現穿罩袍的女子，提醒你這是個伊斯蘭教地方。

如果你以為伊朗很保守，那麼和伊朗包頭巾的女子比起來，你會覺得在那麼開放的土耳其社會裏，選擇穿罩袍的女子更保守。包頭巾的伊朗女子可以展示她們標緻的面容，微露前額的頭髮，雖然主要穿黑衣戴黑頭巾，但是花上衣、花頭巾也時常入目。穿罩袍的土耳其女子連臉都蓋起來，只露出眼睛，一件過的罩袍遮沒腰身，花布更別提了。

於是在伊斯坦堡這個大都會，穿罩袍的女子偶然走過，就成為遊客記錄風俗的對象。她們大概也明白這種情況，有時對拿着照相機的遊客特別留神。於是在塔克西姆（Taksim）廣場，我與罩袍女子有一段奇遇。

塔克西姆廣場是伊斯坦堡的時尚區，也是熱門觀光點，遊客看過伊斯坦堡動輒幾百年的古跡，來這裏看一下土耳其的時髦生活。土耳其曾發生的青年騷亂，就是由在廣場建公園的計劃引起的。騷亂的消息，令遊客對廣場卻步。我們去的那一年，這裏遊人如鯽，氣氛和平。

話說我在廣場附近拍烤肉店、拍賣獎券的小販、拍露天茶座的青年玩雙陸，……突然，我見到一對夫婦和嬰兒車，父親正餵車上的小兒吃雪糕。那小子鬈髮，很可愛，但我的目標是他穿罩袍的媽媽。我滿以為快步走過，到相當距離才回身拍照，萬無一失，沒想到那敏感的媽媽在我回身那一刻急忙跑開。看見我按快門，她意識到可能已經入鏡，連忙跑過來要我給她看剛才拍的照片。

一看見照片上有她半個身影，她拼命搖着身體，嬌聲地喊：「這是我啊！這是我啊！」

她反覆地說着這句話，頗有「你拍了我我不依」的堅持。

我一臉無奈，問：「你想我刪掉照片嗎？」

伊斯坦堡街頭穿罩袍的新潮女子

她仍然搖擺身體，不語。

忽然我感到一根蔥嫩的手指輕掃我臉頰，耳邊傳來瀝瀝鶯聲：「好吧，寶貝，你就留着照片吧。」

我呆了，幾乎不記得她是怎樣離開的。

我驚訝於她那麼開放。她身上那密實的罩袍究竟代表甚麼呢？或許是我太保守了。

後來我好多次端詳這奇女子的照片。雖然只露雙眼，她的眼瞼卻抹上濃妝，她整個人罩在沉色的袍裏，裝飾卻並不沉悶。照片裏還記下她的纖纖玉指和婀娜步姿。

剛從伊斯坦堡回來的朋友，也留意到那裏穿單調罩袍的主人，卻背着時尚的手袋。罩袍之下，往往是一雙高跟鞋，有時袍腳還縫了黑色蕾絲花邊。

逃避鏡頭的嬌滴滴奇女子：我在這裏放上你的照片，希望你不要見怪。

你的一點犧牲，或許可以幫大家調整對罩袍主人的固閉之見。我如果能夠訪問你，倒很想聽聽你對土耳其世俗化國策的意見。

有人說，土耳其有許多沙地阿拉伯遊客，穿罩袍的時尚女子可能是來旅遊的。沒關係，如果你這新潮媽媽，是愛帶着嬰兒遊世界的遊客，世人仍然應該知道，你的罩袍到底代表一顆怎樣的心。

雙頭鷹的歸屬

中國古時有兩頭蛇傳說，說是不祥，見者會死。孫叔敖少時見到兩頭蛇的反應，是中國父母教孩子要為人設想的有名教材。

東羅馬帝國國徽則有雙頭鷹。同是雙頭動物，雙頭鷹命運比兩頭蛇好，得到很多國家和民族喜愛。除了東羅馬以它為徽，自稱繼承東羅馬的俄國沙皇，也採用它，在俄羅斯冬宮、夏宮比比皆是。神聖羅馬帝國、巴爾幹半島的塞爾維亞，都採用雙頭鷹為徽。雙頭鷹也不是基督教的專有圖

雙頭鷹形別針

俄國錢幣上的雙頭鷹

案，伊斯蘭教的塞爾柱帝國也用過。巴爾幹半島上的阿爾巴尼亞，主要宗教是伊斯蘭教，國旗也用雙頭鷹。雙頭鷹也會引出是非。2018 年世界盃足球賽，瑞士對塞爾維亞，瑞士的阿爾巴尼亞裔球員進球後做雙頭鷹手勢，就牽起政治舊恨。其實塞爾維亞的國徽也用雙頭鷹，那麼瑞士的阿爾巴尼亞裔球員究竟做這手勢幹甚麼呢？人群的對立，若拉扯上歷史，那真是沒完沒了的事，因為永遠說不清。踢球者千萬別頭腦簡單，以為萬眾矚目，可以趁機用簡單的符號宣示立場，逞一時之勇，其實十分危險。

東羅馬用雙頭鷹為徽，旅遊介紹都附會說，那是一頭看東，一頭看西，很能說明東羅馬帝國橫跨歐亞的形勢，於是又講一番東西方交流或交鋒的故事。這時候如果有一個赫梯帝國時代的居民，一躍而出，聲稱小亞細亞才是雙頭鷹符號的主人，大家別爭了，眾多擁抱雙頭鷹徽號的國家會不會嚇一跳？原來小亞細亞古時很愛做雙頭的圖像，跟古埃及交過手的赫梯帝國有雙頭鷹崖雕，以及其他雙頭的器物，例如雙頭鴨壺。雙頭鷹是小亞細亞的，大概暫時已有定論。赫梯人有管牠是看東看西嗎？

考古還發現赫梯帝國一件複雜抽象的青銅器，有人叫它青銅「旗」。為了確立土耳其民族的身份認同，凱末爾很關心小亞細亞的早期文明。青銅「旗」被複製立在土耳其首都安卡拉的街頭，宣示着小亞細亞的光輝歷史。

伊斯坦堡清真寺前的青年男女　　圖：柏蔚元

第五章相關大事表

年份	中國	事件
前 2000－前 1200 年	夏至商朝	赫梯帝國興起於小亞細亞中部。
前 1269 年	商朝	赫梯帝國與埃及作戰多年後，兩國簽訂和議。
330 年	東晉十六國	羅馬皇帝君士坦丁遷都拜占庭。
380 年	東晉十六國	東羅馬帝國以基督教為國教。
532 年	南北朝	東羅馬帝國建造聖蘇菲亞大教堂。
568 年	南北朝	西突厥使團到君士坦丁堡，雙方圖結盟，夾攻波斯。
572 年	南北朝	東羅馬帝國和波斯爆發貿易戰。
657 年	唐高宗	西突厥被唐朝聯合回紇所滅。
10 世紀中	北宋	突厥人建立的伽色尼王朝，僱突厥部族守衛中亞的河中地區。突厥部族開始大量移居中亞綠洲，及改信伊斯蘭教。
1055 年	北宋仁宗	改奉伊斯蘭教的塞爾柱突厥人進入巴格達，控制阿拉伯王朝。
1071 年	北宋神宗	塞爾柱帝國敗東羅馬，勢力進入小亞細亞。
1077 年	北宋神宗	在小亞細亞的塞爾柱人自行立國，史稱魯姆塞爾柱。
1204 年	南宋寧宗	第四次十字軍東征，攻陷君士坦丁堡。
1243 年	南宋理宗	魯姆塞爾柱敗於蒙古，成為附庸。
1299 年	元成宗	自稱源於突厥烏古斯部的奧斯曼在小亞細亞西北建立酋長國。
1365 年	元惠宗（元末）	奧圖曼帝國定都巴爾幹半島的愛第尼（Edirne），對東羅馬呈包圍之勢。
1402 年	明成祖	奧斯曼帝國敗於帖木兒帝國，降為附庸。內部爭位。
1413 年	明成祖	爭位之戰結束。穆罕默德一世即位。
1453 年	明代宗	奧圖曼帝國攻陷君士坦丁堡，東羅馬亡。
16 世紀上半	明朝	奧圖曼帝國擴張期。
1789－1807 年	清朝	蘇丹塞林三世在位，推動改革。
1918 年	民國	第一次世界大戰結束，奧圖曼帝國屬戰敗國，面臨瓜分。
1923 年	民國	土耳其共和國成立。

本章參考資料

‧Findley, C.V., *The Turks in World History*, New York: Oxford University Press, 2005.

‧Itzkowitz, N., *Ottoman Empire and Islamic Tradition*, Chicago: University of Chicago Press, 1980.（中譯：《帝國的剖析：奧圖曼的制度與精神》，上海：學林出版社，1996 年）

‧Volkan, V. D. and Itzkowitz, N., *Turks and Greeks: Neighbours in Conflict*, Huntingdon：The Eothen Press, 1994.

‧張緒山：《中國與拜占庭帝國關係研究》，北京：中華書局，2012 年。

‧吳雲貴、周燮藩：《近現代伊斯蘭教思潮與運動》，北京：社會科學文獻出版社，2000 年。

‧昝濤：《現代國家與民族建構 ── 20 世紀前期土耳其民族主義研究》，北京：三聯書店，2011 年。

‧A Speech Delivered by M. K. Ataturk, 1927

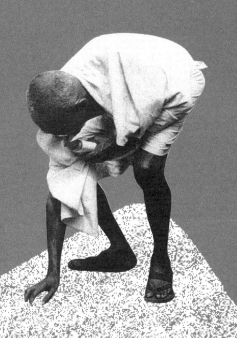

第六章

世界新局下的絲路人文面貌

舊絲路的
新元素

從漢代開拓算起，絲路已經出現兩千年了。這不是一段短時間，兩千年間各地的形勢有不少變化，這些變化對絲路當然會有影響。在二千年的絲路上，如果要選一些有力影響幾百年的新因素，你會選哪些呢？

我會選以下四種：

1. 伊斯蘭教

伊斯蘭教從 7 世紀興起，已經有一千三百年，現在全球超過五分之一人口是伊斯蘭教徒。伊斯蘭教是世界性的重要宗教，已經是不爭的事實。它在絲路上的重要性，更是無與倫比，影響不但呈現在陸路上，亦表現在海路上。

一個上千年、廣佈各地的宗教，能深入到信眾的心裏，一定有系統性的信念來維繫。近世雖然經過西化的強烈衝擊，但不會完全改觀。等於儒釋道三家在中國，經過五四運動和文化大革命，甚至「去中國化」的推動，

仍然沒有從中國文化消失。

2. 西歐的因素

歐洲的大航海時代開啟以後幾個世紀的歐洲擴張。航海活動結合工業革命一波又一波的物質成果，使歐洲對世界的影響力達到極盛。而尋找絲路古國，是歐洲人一開始作大航海的目標。

歐洲大航海時代結合帝國主義，以武力造成世界性的殖民血淚，留下最近幾十年中東、印巴、斯里蘭卡泰米爾游擊隊、緬甸若開邦「羅興亞人」等等的問題，但是西歐的因素亦包括思想，尤其是科學觀念、民主思想、個人主義、民族主義、國家主義、社會主義等，這是西歐思想界發展出來的，而且至今仍然由歐美思想界掌握着話語權。

3. 俄國和蘇聯

這是我們不能忽略的一股北方勢力。如果從 18 世紀彼得大帝強力推動西化算起，這北方勢力興起才三百年。

▲ 孟買火車站的孔雀磚雕。火車站是英國殖民時期的建築，而結合了印度的建築元素。

在歐美媒體裏，俄國（和蘇聯）總是被描繪為邪惡的。但俄國（及蘇聯）其實是拜占庭及西歐文化的分支——如果用貶義詞，也可以說是變種。俄羅斯地區從東羅馬帝國處接受了東正教，東羅馬亡，它就自命為該國的繼承者，所以俄羅斯到處都見到東正教堂，以及東羅馬的雙頭鷹標誌。處在最寒冷的極地，俄羅斯起步慢，但是步伐急。從彼得大帝開始，奮力學習西歐。莫斯科的普希金美術館放滿了仿真度極高的希臘羅馬和文藝復興藝術品，供當年的貴族學習西歐藝術之用。俄國亦學走帝國主義之路，努力擴張，並到處尋找出海口。至於蘇聯，它的淵源是醞釀於法、德的社會主義思潮。

商路永遠是跟隨經濟實力或資源走的。在興盛期的絲綢之路上，俄羅斯沒有甚麼角色，當時它的經濟說不上有規模。在新的絲路——現代的歐

▲ 俄羅斯紅場的軍人塑像

▲ 俄國東正教堂

亞大陸貿易路線上，則俄羅斯必有一席。

　　一帶一路的地圖有從陸路通去俄羅斯的計劃。陸路之外，還有北極航道 —— 冰上絲綢之路，這條航道的目的，是使中國和歐洲北部的貨物，不必繞遠路走南中國海和印度洋，既省了時間和成本，在傳統路線所經的地方動蕩不穩時，也有後着。北極一年裏大部分時間封凍，不利航海，開發亦講求技術，成本又高；但從 2013 年開始，中國的航運公司已派出超過十艘船作試航；2017 年末，俄國表達與中國合作開拓的意願；2018 年初《中國的北極政策》白皮書，正式提出透過開發北極航道，與各方共建「冰上絲綢之路」，除了俄國，芬蘭、挪威等北歐國家亦可能參與。在環保者憂心北極脆弱生態的警告聲中，8 月，中國有貨船經北極航道去歐洲，而世界貨輪大戶 Maersk Line 也啟航加入爭逐。

4. 主要貿易商品的改變

　　這是最後一個不能忽略的新元素。從前絲路貿易的貨品，品類繁多，既有生活必需品，也有奢侈品。19 世紀開始了石油時代，而不少油田恰又在舊絲路的國家裏，於是新絲路上的主要商品變成能源，許多路線設計、角力、合作都圍繞着這種新商品展開。匹夫無罪，懷璧其罪。中東的動亂，與當地有豐富的石油蘊藏不會無關。惟同屬中東的約旦地處荒漠，古代既不流奶流蜜，摩西不想要，今天也沒有石油資源，結果比周邊的伊拉克、敘利亞為穩定。沒有璧玉的約旦，不知是悲是喜？

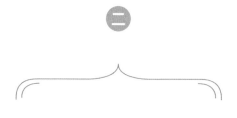

新元素與
現代化之路

　　雖然各方新元素並起，但絲路古國的紛擾都有個主軸。面對大航海時代以來的歐洲迫力，絲路古國有同一個目標 —— 復興。在這個主訴求裏面，東自中亞，西到阿拉伯、土耳其，都要面對悠久深厚的傳統，都要考慮怎樣處置原有的文化，如何「現代化但不西化」的問題。這其實也是中國的問題。唯有希臘似乎不關心「現代化但不西化」，或許因為它被捧為西歐文明之源吧。

　　在前述絲路幾種新元素裏面，如果要揀出百多年來與大部分絲路古國的現代化路向密切相關的元素，我認同學者吳雲貴等所選的兩種：

　　一、伊斯蘭教；

　　二、西歐的民族主義思想。

　　它們互不相屬，有時甚至是兩股相反的力量，卻同樣可以鼓勵人心，分別滿足迫切復興的願望。

中國人是不太了解這兩種元素的。我們大多知道自己不了解伊斯蘭教，卻往往以為自己知道民族主義。其實我們只是依稀認識「民族」這個詞罷了，對於它作為風動一時的主義，是說不清楚的。

了解最基本的伊斯蘭

在新聞聽到恐襲，大家第一個念頭就聯想到伊斯蘭教。除了恐襲聯想，新聞中的伊斯蘭教大抵也離不開派系：遜尼派、什葉派、原教旨主義、穆斯林兄弟會等等。實際上十分重要，但較少聽到的，還有蘇菲派、瓦哈比派。

只從新聞中聽來這一大堆名詞，無助我們明白一個世界重要宗教，更別說其中還語焉不詳，充滿誤解了。

了解伊斯蘭教不是要了解一種與我們無關的宗教，而是了解一種十多億人接受的價值觀：他們怎樣看善惡對錯、他們認同的權利和義務、他們對政體合法性的見解等等。

這十多億信徒分散在世界各大洲，生活環境並不全同，但是時間悠久的因素，令伊斯蘭教的價值已經深植在他們的傳統之中。信徒因為共同信仰，因此認知相似，感情親近，對一些重要的問題會有接近的反應。而且其他伊斯蘭教國家的成敗，也會在伊斯蘭世界有漣漪效應。

伊斯蘭教基本思想

讓我們從最簡單的畫面開始了解伊斯蘭教吧。

如果印度教、佛教給人滿天神佛的印象，那麼進入清真寺，會發現一個神像都見不到。因為伊斯蘭教主張萬物非主，因此不容許以物配主。拜偶像，將真主畫成人形等等，都犯了以物配主的毛病。「萬物非主」是重要的觀念，成為伊斯蘭教徒要念的證詞：「萬物非主，唯有安拉，穆罕默德是真主的使者」，證詞第一句就是它。

那麼安拉真主又是甚麼神呢？伊斯蘭教認為猶太教、基督教的阿伯拉罕、摩西等是先知，它跟基督教的分別，是不認為耶穌是神的兒子，而認為耶穌是先知，創立伊斯蘭教的穆罕默德則是最後的先知。因此伊斯蘭教跟基督教、猶太教其實崇拜同一個神。在奧圖曼帝國等伊斯蘭教國家，雖然教徒和非教徒有稅收及其他差別，但是猶太教、基督教被視為有經典的宗教，教徒的生命財產是受保護的。從原則上講，多神崇拜的中國人、印度人，則不受保護。

　　此外，大家都知道伊斯蘭教徒每日要禮拜，每年要守齋戒，一生人最好能去麥加朝聖一次，這是伊斯蘭教規定的五功的其中三種。另外兩種是作證詞，就是念「萬物非主」那一段話，以及天課──施捨餘財的十分之一。這天課跟現在基督教徒實行的相似。天課在創教不久就實施，用以濟貧，是一筆很大的錢財，對從前伊斯蘭教國家的社會福利起過很大作用。急籌軍費的蘇丹也曾對這些錢打過主意呢。

▼ 到麥加朝聖是伊斯蘭教徒的五功之一。　　圖：Camera Eye / CC BY 2.0

伊斯蘭教與政治

伊斯蘭教從一開始就有一個理想社會願景。它既是宗教，也是阿拉伯的社會改革，使阿拉伯人由部落社會中締造出統一的阿拉伯國家。

穆罕默德在麥加受迫害，轉到麥地那之後，即組織教徒建立社團——烏瑪（Ummah），為伊斯蘭而奮鬥。社團裏政教合一，指導成員行為的是《古蘭經》，而不是部落的俗例。社團由宗教信仰凝聚，不再如部落般以血緣關係為紐帶。

先知穆罕默德去世之後，開始了哈里發時期。哈里發是服務真主的人，是伊斯蘭社團的領袖，由選舉產生，最早的四個哈里發就是如此，被稱為正統哈里發時期。但建立阿拉伯帝國之後，變成君主世襲，君主雖然擁有哈里發的銜頭，但基本上是行政和軍事領袖，只負責捍衛伊斯蘭教及實施教法。解釋教義的權威變成教士和宗教學者。

哈里發作為伊斯蘭世界名義上的最高領袖，是不分國界的。這個頭銜存在了超過十二個世紀，到 1924 年才被土耳其廢除。

正統哈里發時期及古代伊斯蘭教國家，軍事上固然威風，文化上也有很多建樹，因此在伊斯蘭教徒心目中有崇高地位。那種欽崇的程度，有人說可以跟今天歐洲人仰慕理想化了的古羅馬等量齊觀，哪怕羅馬已經亡了許多個世紀。如果改用中國來比附，那大概有點像中國人推崇堯舜之治吧。

伊斯蘭教法

《古蘭經》指導教徒的行為，塑造社會的品格，所以傳統的伊斯蘭教國家根據伊斯蘭教法（Sharia）來治國。Sharia 的字面意義是通往水的道路，而水是一切生命之源，因此伊斯蘭教法意指由真主指導，做情操高尚的信徒，識別現世生活的善惡，並為來世獲救作準備；在社群裏則團結互助，盡對真主和社會的義務。

伊斯蘭教法由宗教學者根據《古蘭經》、聖訓（穆罕默德的言行）演繹

出來；沒有先例時，則加以類比作出推論，或者由宗教學者集體裁斷。

教法幾乎涵蓋生活中所有行為。有宗教禮儀規範，如怎麼禮拜，怎麼潔淨，怎麼朝覲、齋戒；倫理上，如怎麼離婚，臨時婚姻合不合法；經濟制度，伊斯蘭教有經濟觀，例如不許放貸。因此近代流行說「伊斯蘭是一種生活方式」。

現在多數伊斯蘭教國家實行政教分離，像馬來西亞的伊斯蘭教法只適用於教徒。

此外，現代生活也有不少伊斯蘭教法覆蓋不到的地方，例如教法說不可以賺朋友的錢，那麼信徒可不可以做保險經紀，叫朋友買人壽保險呢？因此實際踐行起來會有一些彈性：例如教法規定不可放貸，但在現代資本主義社會，不借錢怎樣做生意呢？於是就調整為個人之間不可以放貸，但銀行對個人就可以。

此外，伊斯蘭教容許根據當時當地的需要，對應具體社會問題頒佈教令（fatwa），詮釋伊斯蘭教法。教令由誰來頒呢？由於沒有統一的宗教領袖，各地情況又不盡相同，因此各地的大阿訇（mufti）可以提出教令，教令雖然沒有法律約束力，但對社會仍然有影響力，如果亂發教令，也可以引起不良後果，甚至引起極端的思潮。

伊斯蘭教與軍事

新聞裏時常聽到聖戰（Jihad）一詞，見到蒙面槍手，令其他人以為伊斯蘭教有侵略性。聖戰本來意指為了宏揚主道而奮鬥的精神，有各種不同方式，並不專門指武力手段。

穆罕默德使阿拉伯地區由多神信仰轉為一神信仰，其間不能無風無浪。他避難到麥地那時創立的信徒社團烏瑪，有軍事力量以保護伊斯蘭教。第二任哈里發（634－644在位）時，為了強化伊斯蘭，實行軍事化政策，按照虔誠程度和功勞來任命將領或地方總督。伊斯蘭教禁止信徒之間

為敵，但不禁止進攻異教徒。伊斯蘭帝國擴張時，曾經攻掠很多地方；由突厥族統治的塞爾柱帝國，更以戰士精神相標榜，有如日本人崇尚武士道。

歷史上伊斯蘭帝國與東羅馬帝國、十字軍等基督教團體長期對峙，因此穆斯林社團也會受到對異教徒發動聖戰的思想影響。在近代的衰落之世，號召以聖戰精神恢復伊斯蘭教，成為一種思潮，但這種聖戰可以指內在的發憤精神，未必專指暴力。只不過信徒既多，外部壓力亦大，部分激進者會利用「聖戰」這些有豐富複雜內涵的詞為號召。

現代化路上的幾種伊斯蘭思潮

在歐洲殖民壓力下，從 18 世紀起，在印度、阿富汗、伊朗、沙地阿拉伯、土耳其、埃及以至非洲、東南亞都有宗教理論家、思想家提出振興伊斯蘭的方案，或復興伊斯蘭教的社會運動。民族主義未傳入之前，大家主要在原有的傳統裏尋找復興的方法，產生幾種基本思潮：

1. 原教旨主義

原教旨主義號召回歸傳統精神，重視真主啟示的指導作用，將正統哈里發時期作為信仰和社會理念的模範。正統哈里發時期是阿拉伯向國家和世界帝國邁進的時期，可以說是個創業時期，發展出很多伊斯蘭的制度，因此被理想化，描述成伊斯蘭的黃金時代。

原教旨主義有激進派，有溫和派。瓦哈比主義就是號稱溫和的原教旨主義。瓦哈比（Abdul Wahhab，1703－1792）生於阿拉伯半島，他的主張也主要流行於阿拉伯半島。統治沙地阿拉伯的家族一直奉行瓦哈比主義。

瓦哈比主義者認為順服伊斯蘭教法才會強大，而當前的問題出於教徒失去原初的信仰，包括鬆懈、背教、偽信，又或受創新、改變等理論腐蝕，因此主張回復初創時代的伊斯蘭信仰。

什葉派和蘇菲派都被視為阻礙建立本源伊斯蘭教社群的敵人，是更改原初伊斯蘭教法律的創新者。奉行瓦哈比主義的沙地阿拉伯，亦反對信奉

▲ 伊斯蘭教蘇菲派的苦行，在土耳其變成旅遊表演節目。

什葉派的伊朗。

　　至於蘇菲派，是伊斯蘭教裏的神秘主義，既不像教法學家拘泥於文義，亦不像經院哲學家沉迷於思辯，而重視個人內在體驗，強調神的美好和慈愛，以建立虔誠的信仰。這一派早期流行於喀什米爾、巴基斯坦等地，強調禁欲、苦行，有些學者認為是伊斯蘭教跟印度文化接觸所產生。蘇菲派過去幾乎不受干擾，發展得很快，但在 20 世紀卻受原教旨主義派攻擊，像巴基斯坦就經常發生搗毀聖祠的事件。

　　2. 伊斯蘭現代主義

　　這種思想有點像中國的中學為體，西學為用，認為伊斯蘭教可以適應現代化，可以學習西方的科學、制度，但不等於西化。堅持伊斯蘭教是真理，要維持其精髓。

　　代表人物是賈邁勒丁・阿富汗尼（Jamal al-Din al-Afghani，1838－1897）。

　　阿富汗尼的弟子在埃及很有影響力，有些參與領導埃及獨立的民族主

義運動。1928 年成立的穆斯林兄弟會，雖然被歸為原教旨主義，其實是阿富汗尼的一個弟子在埃及所創立。

伊斯蘭思潮與外界是互相作用的，當時世界上有很多「泛」、「大」的主張，阿富汗尼亦提出「泛伊斯蘭主義」，號召穆斯林社團（烏瑪）聯合，擁護一個哈里發，以對抗西歐殖民入侵。

3. 世俗主義

這一派擁抱現代化、西化，有點中國「全盤西化」派的味道。世俗主義派主張政教分離，宗教屬於個人信仰範圍，不是統治社會的最高權威，不應干預政治、社會、科學。放棄伊斯蘭教不適應現代社會的內容，使伊斯蘭教可以與世俗社會及科學並存。

這一派沒有思想上的突出主張，但有實踐上的標誌人物，像土耳其國父凱末爾。

伊斯蘭教的復興運動，與由歐洲開始流行的民族主義思想有一項基本分歧：宗教是跨國界、跨民族的，伊斯蘭教國家要復興，就應該緊密互助，信徒應該團結在穆斯林社團（烏瑪）之中，而不是各個民族各自一塊。

伊斯蘭世界復興的努力，與民族主義的提倡，交互為用，產生了 20 世紀伊斯蘭世界紛繁的社會變化，令人眼花繚亂。無論如何，伊斯蘭教那麼龐大的信徒人口，其基本價值觀及感情取向，是值得關注的。

民族主義

世界各地的人類都有族群，都有民族；也有跟主體族群相關的國家。但是「民族主義」不是因為有民族而自然產生的，它是西歐思想的產物，是 18 世紀末以來的意識形態。

專門研究民族主義的英國社會學家 A. D. Smith 說：「民族主義是意識形態和運動，從法國革命和美國革命以來，就是世界政治中一支強大的力

量。」它不必有偉大的思想家，因為「民族」在人心中的感應作用，只有過去的宗教可以媲美，它是「回應人類某些最深層的對安全、公正和認同的迫切要求的意識形態」，所以民族主義吸引很多有影響力的知識分子。

一切思想免不了有時代的烙印。當科學變成新的時代精神時，源於歐洲的民族主義亦跟科學結合，將人作分類研究。後來生出極端的一派，滋生出種族歧視的思想、優秀人種的學說，並間接導致世界大戰的災難，於是民族主義消散。近年民族主義有復活的跡象，因為以「民族」作為號召，還是有政治動能的。

民族主義思想在絲路上

民族主義是近代歐洲的產物，但貼着普世的標籤，加上科學的護持，流傳到其他地方。各個古老文明在反對殖民、強化自身的過程裏，紛紛從民族主義借取力量，同時連結到自己的社會文化的需要和問題。但是他們要確認自己也是一個民族的時候，不免要依循西方的說法和思路。

提倡民族的歷史光榮，是民族主義者凝聚人心的方法。在 20 世紀，伊朗和土耳其都曾經宣揚民族主義思想。

1925 年建立的伊朗巴列維王朝標舉民族主義，強調伊朗人是雅利安族，與歐洲同種，搜求波斯帝國的成就，努力宣揚伊斯蘭教進入伊朗前，伊朗原來的文化和光榮。其實將伊朗人說成是雅利安族，並不完全準確。悠久的歷史，令伊朗的族裔並不單一，只是相對統一而已。

1923 年建國的土耳其，則背負着奧圖曼多民族大帝國的歷史，而且忍受西歐國家指責東方民族落後、突厥族野蠻的貶損，所以推行民族主義思想最有力，但它不是像伊朗般向歐洲靠攏，而是突出突厥族在世界上的地位，抗拒污名。

民族主義衍生出民族國家的主張，主張一個民族一個國家。民族國家的想法並不合乎歐洲以至世界各地的歷史，造成很多分化和衝突，留下許

多禍根，影響直到今日。

民族主義和伊斯蘭復興

以民族主義圖強的思潮，跟推動伊斯蘭復興的思潮，既有對立，又有結合的時候，例如埃及既透過古文明考古發現，提倡民族的光榮，又以伊斯蘭教凝聚民眾。有時民族主義和伊斯蘭復興運動兩者，在伊斯蘭世界不同國家中輪番試驗，視乎其效果而盛衰。

20 世紀上半，土耳其在奧圖曼帝國被瓜分的大難中，以民族主義號召，成為中流砥柱，使民族主義才能挽救危亡的想法，盛行一時。之後在風動世界的民族獨立運動裏，伊斯蘭世界的反殖運動，亦以民族主義為主。但是在二次大戰之後，鐘擺又向伊斯蘭教擺過去。中東各國對以色列的戰爭失敗，使阿拉伯民族主義光芒不再，伊斯蘭會議組織號召以聖戰解放耶路撒冷。到 1979 年的伊朗革命，最後由伊斯蘭教士領導，推翻提倡西化和民族光榮的巴列維王朝，更是伊斯蘭價值回歸的新現象。

現在宗教狂熱和民族主義的極端思想繼續在世界發酵。結果如何，還不可料。

事實上，世界上難有純粹的民族，往往是民族之中，又有民族，因此容易造成一國之內，因為民族糾紛而生出分裂的傾向。與此相反，雖然伊斯蘭教國家各有歷史和風俗，但是伊斯蘭教是一個世界宗教，跨越國境，所以它的思潮不限於一國一族，各地經常互相借鑑，人員亦各地流動，各種主張亦互相影響。很多伊斯蘭教徒依然相信伊斯蘭是一個整體，因此嘗試跨過國界介入其他國家的伊斯蘭問題。

由穆斯林兄弟會分出來的激進組織，就提倡「遷徙的聖戰」，主張穆斯林為聖戰而遷徙。至於美國入侵伊拉克後，在戰後亂局中揚名的遜尼派極端武裝組織，自稱伊斯蘭國（ISIS），領袖自稱哈里發，其實是借用阿富汗尼的「泛伊斯蘭主義」來號召。所以英國等曾經主張不用 ISIS 來稱呼它，

以免混淆視聽。

　　除了伊斯蘭極端勢力嘗試跨國界介入其他伊斯蘭國家，傳媒人李永峰說沙地阿拉伯、伊朗等主權國家，「也在通過國家機器，深入地影響別國的穆斯林。這種混亂的背後，就是伊斯蘭信仰與世俗主義的衝突。走向民族國家體制，而拒絕哈里發領導下的烏瑪社群認同，在某程度上已經被伊斯蘭主義者視為是世俗主義的墮落。」

　　此說是耶？非耶？了解一下伊斯蘭教這些思想新潮的糾結，最少可以多一個解讀世局的角度。

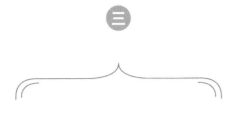

三個人三次革命：
絲路古國的現代化之路

以政體和民族來看，絲路各國在近代西方衝擊下，呈現不同的發展和主張：

	政體	民族主張
中國	社會主義	多民族的中華民族
印度	議會制民主	宣稱經獨立運動後是印度民族
中亞五國	議會制民主，有總統獨裁傾向	有主體民族的多民族國家
伊朗	伊斯蘭教民主，政教合一	雅利安民族
沙地阿拉伯	君主制，政教合一，伊斯蘭原教旨主義	阿拉伯民族
土耳其	伊斯蘭教世俗化民主國家，民族國家	土耳其民族

考慮當下的絲路人文面貌時，我讀了一點凱末爾、甘地、霍梅尼。讀這三個「古人」，因為絲路上的文化古國，面對歐美所代表的現代文明格局，各有取向，而他們三人各自代表調適發展的一個面向。

印度的甘地、土耳其的凱末爾在 20 世紀上半期的回應，有世界性的意義；他們回應以有自身文化特色的方法，對當時的世界及該國的當代社會有深切影響。到 20 世紀下半期的伊朗革命，卻是凱末爾式的西化和世俗化取向在伊朗發展的挫折。

土耳其：凱末爾的民族國家

土耳其是繼日本後，第二個打敗歐洲列強的國家。

1923 年成功立國後，它推行稱為凱末爾主義的世俗化發展方向，很受中近東伊斯蘭世界注視，大家都關注這是否伊斯蘭教國家的出路。甚至到 1960 年代，仍是一些伊斯蘭國家仿效的對象；另一方面，因為凱末爾實行西化政策，土耳其甚至受到西方頌揚。

以民族取代宗教

凱末爾（1881－1938）的母親是虔誠的伊斯蘭教徒，但父親為他選擇西化教育。他自己考入軍校，參與政治，但軍銜不特別高，亦不屬於改革派的骨幹。在危機四伏的幾年間，卻挺身而出，促成土耳其誕生。

凱末爾主義有所謂六個箭頭，寫在 1931 年人民黨黨章。這六個方向是：

1. 共和主義：主權在民，共和政體。

2. 民族主義：民族國家，國民以土耳其人為身份認同。

3. 民粹主義：權力在民，凡認同為土耳其人，權利平等，宗教自由。

4. 國家社會主義：國家扶助私有企業發展經濟。

5. 世俗主義：政教分離。

土耳其在這套政策下，識字率大幅提高，經濟也有了基礎。伊斯蘭教被劃定為個人信仰，不再是法律，並且由國家控制，政府裏有專責的部門管理宗教。

減弱了宗教的角色，土耳其將國家民族樹立為新的崇拜符號，於是到處飄揚着大國旗，到處掛領袖頭像。

為了建立一個「民族國家」。在凱末爾支持下，當年產生了「土耳其史觀」，以推崇土耳其民族。凱末爾支持發掘小亞細亞的古文明遺跡，以增加土耳其人的自豪感。將當時一些歐洲學者的假設，當作科學證據，對突厥族無限頌揚，說全世界的文明包括中國的文明，都是突厥人創造和傳播的；宣稱突厥語是一切語言的起源，稱為太陽語言理論。

▲ 小亞細亞擺小攤的女孩，髮色和面相都不全像突厥族，可見當地種族之複雜。

▲ 在小亞細亞城市伊茲密爾的土耳其共和國紀念碑

　　這一套史觀，現在當然不再提了。這件事雖然有可笑的地方，但凱末爾的努力，某程度上，是對西方污蔑性的歷史觀的反抗。當時西方建基於古代長期的東西方軍事對立情緒，以及宗教分歧，加上近代歧視性的人種學說法，把奧圖曼帝國和突厥人描述為野蠻人，所造成的偏見流毒至今還在。

　　要在一個多民族的地方，建構一個民族國家，並不容易。英法等迫奧圖曼帝國簽訂的色弗爾（Sevres）條約，切割小亞細亞，或有讓庫爾德人立國之意，但英法支持的希臘軍隊被凱末爾領導的軍隊打敗，這份迫奧圖曼帝國喪權辱國的條約被廢止。庫爾德族可能比突厥更早到小亞細亞，但凱末爾主義者不承認庫爾德族是少數民族，認為他們是山地土耳其人，即使曾經答允給予庫爾德族自治，但又採取一些壓制措施。當宗教重於民族的時候，民族界線曾經不那麼重要，像伊斯蘭世界的大英雄撒拉丁，據說就是庫爾德族，他對抗十字軍，重奪耶路撒冷，聲名顯赫。但土耳其講到撒拉丁時，很少提及他的族屬。

像世界上任何領袖一樣，凱末爾有功也有過；像所有歷史人物一樣，他的功過都有時代的色彩。專門研究土耳其的年輕學者昝濤說，凱末爾主義者堅執民族主義的原因，來自對民族主義和啟蒙運動的普世文明信仰。

長時間地看，一個人的眼光無論多長遠，其實也只能見一步走一步。甚麼是普世，甚麼是當世，能有最後答案嗎？

印度：甘地的民族共融、宗教共融

1920 至 1940 年代的印度獨立運動，掀起全球的民族解放運動序幕，印度最後推翻英屬印度帝國，亦引領世界各地的反殖獨立運動達到高潮。

甘地（1869－1948）的非暴力不合作運動，以結合東西的獨特方法，引起世界注意。如果你讀佛教本生故事，覺得捨身飼虎、割肉餵鷹等犧牲行為匪夷所思，再看甘地領導的非暴力不合作運動，你會感嘆這是一種特別適合印度文化、只有印度人才能充份演繹出精髓的運動。同時，甘地的態度也是西方的，在印度歷史上，非暴力不合作運動是一種新手法。甘地在英國讀法律，承認歐美文明有許多可讚許的元素，但是英國統治印度卻是不義的。甘地於是以英國之矛，戳破英國之盾。

他是向英國說：請用文明來說服我。

最典型的事例是 1930 年的海鹽長征。英屬印度帝國禁止印度人私自採鹽。面對自稱文明的英國，甘地簡單地問：在印度的土地上，為甚麼印度人不可以採鹽？

於是甘地事先張揚要採鹽。他在印度西北步行二三百公里，去到海邊，沿途大批群眾加入。我常常覺得美國電影《阿甘正傳》中，主角獨自步行，許多人跟在後面的情節，是仿甘地的海鹽長征的。

甘地在進行違禁活動之前的黃昏祈禱會上，跟群眾說，不怕子彈的，明天才好跟着我。第二天，甘地步行到海邊的鹽灘，撈起一把鹽，他犯法

了。這個畫面成為印度歷史的經典影像。殖民政府大舉鎮壓，1930 年 5 月甘地被捕，國大黨被禁，全國罷工罷市。

甘地的反殖獨立運動就是在這種不合作、被鎮壓的循環中，層層推進。運動經歷許多高低潮，不是速戰速決，不採取暴力革命。由 1920 年提出不合作運動，到 1947 年獨立，幾近三十年才竟其功，極其講求耐性。

非暴力不合作運動能令世人印象深刻，能讓後來的反抗者爭相學習，不是因為領導人的英雄色彩和運動的傳奇性，而是因為甘地傳達的訊息有世界意義。他堅持非暴力，包括言語上不侮辱敵人；他從不主張「敵人贊成的我就反對」，抗爭期間發生第二次世界大戰，甘地還號召跟隨者支持英國作戰。他堅持真理，他的自傳就叫做《我對真理的實驗》，印度獨立運動是這個真理實驗的重要部分。有個評論者說得好，世人都說「上帝就是真理」，甘地卻把這個公式倒過來，變成「真理就是上帝」。在真理之下，民族、宗教都不是第一義的。甘地孜孜以求的是各民族、各宗教和平相處之道。共融是並存，不是同化。

甘地揚棄世人對東西兩方先進與落後的迷思：既向自號文明的西方懇切迫問殖民的不文明；又實踐出東方思想貢獻於人類世界的例證。

不過印度獨立運動的結果是印巴分治，毀掉了甘地的理想國和實驗場。在英國支持下，伊斯蘭教徒另行成立巴基斯坦，國土分處印度大陸東西部，東巴基斯坦後來獨立，成為孟加拉。

人不會無過，甘地其中一個典型形象是用手動織機紡紗，他也被認為有反對工業文明、反對進步的問題。早在 1924 年，甘地就曾向國大黨提出議案，要求黨員每月要紡紗最少十五小時，並向黨組織交出成品。尼赫魯是他的忠心追隨者，但他不完全同意甘地，早期曾批評甘地專制。甘地明白黨人之所以支持他，因為只有他有領導全印度反殖的威望，並不是認同他的所有主張，包括非暴力。

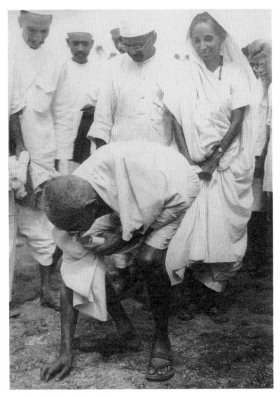
▲ 甘地拿海鹽的一刻

　　印度的歷史並非不血腥，但不能否認印度文明對外一直較為和平，內部則一直是多民族共處。受了歐洲文明的洗禮，印度也出現民族主義的主張。為了回應歐洲設定的近代世界格局，例如民族國家的主張，印度政府不承認印度是多民族國家，認為經過全國性的獨立運動之後，印度已形成印度民族。這有點像土耳其凱末爾的態度。另一方面，歐洲文明的洗禮亦包括污染，例如種族主義、法西斯主義。

　　印度的民族主義在 1920 年代開始發展，以印度深厚的宗教文化為認同方向，標舉印度教徒的特性。1925 年成立的「國民志願服務團」（Rashtriya Swayamsevak Sangh，RSS），跟甘地主張的和平主義不同，宣揚的是激進的印度教。現任印度總理莫迪是「國民志願服務團」的成員，未做總理之

前，在主理印度古吉拉特邦任內，曾發生嚴重的宗教衝突，莫迪被批評有縱容印度教徒之嫌。

檢點過去受入侵、被殖民的歷史，有些印度民族主義者認為要克服印度崇尚和平的文化，來面對伊斯蘭教和基督教的征服者。

甘地的和平主張，獲得普世的讚揚，樹立了世界性的聲望，但獨立運動成功之後，甘地雖然成為印度人崇敬的對象，他的主張卻被捨棄。

世人都說愛真理，但在現實的面前，真理還是要靠邊站。

伊朗：霍梅尼和伊斯蘭共和國

世變無常。伊朗本來走土耳其凱末爾的路，推行西化，高揚民族旗幟。1979 年卻爆發革命，然後一百八十度轉身，變成高揚伊斯蘭教法的國家。這場革命震動歐美。

伊朗推翻了二千五百年的帝制，成為一個共和國；同時，世界上也出現第一個由伊斯蘭教法學家治理的國家，全世界的伊斯蘭教徒都注視伊朗實驗的成果。

革命之前的伊朗，是君主立憲制，但實際上君主有很大權力，可以獨裁。巴列維王朝（1925－1979）摹仿土耳其的世俗化、西化政策，抑制伊斯蘭教權，大力宣揚伊斯蘭教進入以前的波斯文明，以民族取代宗教，強調伊朗是雅利安人種，與歐洲相同，甚至改伊斯蘭曆為波斯曆。當時伊朗社會被西方讚譽為開放，城市人的衣着打扮跟歐美沒有甚麼差別。問題是國王大肆擴建、擴軍，展示伊朗強大，但經濟改革並沒有讓人民得到成果，政策不得人心。1973 年，世界發生石油危機，重創依賴出口石油的伊朗經濟，人民愈加不滿。親美的巴列維王朝鎮壓示威，但得不到美國新總統卡特支持，終於被推翻。

這場革命的領導者是伊斯蘭教士霍梅尼（Khomeini，1902－1989）。

本來 1979 年伊朗舉國都反對政府，包括留學歐洲的知識分子，甚至左派，革命並不專靠伊斯蘭教力量而成功。但霍梅尼一直用宗教的語言攻擊王權，引經據典，認為君主制違反伊斯蘭教。古伊朗曾是強大的帝國，並沒有反帝制的語言，而據伊斯蘭教的古制，哈里發應該是推選的，因此伊斯蘭教有更多攻擊王權的資源可供霍梅尼使用，加上社會上對一味仿效西方，弱化伊朗的宗教價值也有不滿，因此霍梅尼有很大的凝聚力。

由伊斯蘭教法學家治國，並不是霍梅尼個人的主張，而是有什葉派理論為基礎。什葉派向來有教法學家治國的政治理論（velayat-e faqih），就怎樣指導政治，例如如何介入政治、介入的深淺，教法學家之間見解不同，但討論已久。

什葉派是一種比較內在出世的宗教，重視學問和教育，課程一直以亞里士多德的修辭學、語法學和邏輯學經典為基礎，強調由尊貴有學問的人做宗教領袖。

霍梅尼在教法學家治國上，屬於激進一派。

雖然不少人反對政府之上還有教法學家，但是霍梅尼堅持教法學家的領導作用不是由人決定，而是由真主規定的，憲法要保障真主的法律得以施行，保證社會遵守經訓的原則，於是新憲法裏寫明「教法學家領導伊斯蘭政府」。據此，伊朗在總統之上有國家領袖，或者由教法學家組成領袖委員會，可以任免總統，可以宣戰。無論國家領袖或委員會都不是民選，但有繼任方法。這種伊斯蘭式共和制度未有先例，它是否可行，怎樣進行，對伊朗及中東伊斯蘭國家都有重大關係。

絲路會復興嗎？

在西學東漸的衝擊下，絲路各文明、各古老民族走了不少曲折的路，做了形形色色的政治實驗。反殖民、尋求現代化走了一圈，由民族到宗教，種種說詞，都有一定的道理，至今絲路各國還在摸索更上一層樓的台階。世界形勢的變動快過歷史經驗的總結，當人類還未總結到如何現代化而不西化，還未調和好傳統與輸入的問題時，新的形勢又出現了。新絲路、一帶一路、印太戰略，在世界新局下，絲路古國何去何從？

牛津大學的 Peter Frankopan 於 2015 年在新作 *The Silk Roads*，提出絲綢之路正重新崛起，世界的重心將再次回到千年之前的位置。他的預言會應驗嗎？世人對這大片地區缺乏了解，更別說綜合把握力了，沒有了解，又怎能對這類主張作出判斷呢？

Frankopan 批評西方應對絲路地區時「缺乏一種站在全球史角度的、更高更廣的洞察力。在這些決策者、政客、外交官和將軍的頭腦裏，阿富

汗問題、伊朗問題和伊拉克問題都是各自獨立的，彼此間似乎沒有甚麼緊密的聯繫」，因此不懂得後退一步，從整體上把握這片處於混亂之中的廣大區域。「在西方人看來，這無疑是一個落後、專制和混亂的地區。⋯⋯然而，正是因為有這些不同，這片土地才能夠一直以不同的方式佔據世界史的樞紐地位。從古至今，各種思想、習俗和語言都在這個連接東西方的熔爐裏碰撞。今天，絲綢之路再次興盛，但卻被很多人所忽視。經濟學家⋯⋯關注的重點仍然是那些在歷史上沒有太多關聯，僅僅在一些表面數據上有相似之處的國家（如 BRICS，金磚國家）⋯⋯實際上，我們應該關注的是這片世界真正的『地中海』。這裏沒有甚麼野蠻的東方或新世界等着被人發現，這裏有的，只是即將再次呈現在世人面前的世界十字路口。」

這段批評西方人的話，也可以用來批評中國人。

我們會像張騫那樣探索西域，會像鄭和那麼了解亞洲、非洲、澳洲所包圍的印度洋嗎？

各地的人都以本有的文化習慣應對新形勢，但能關心過去，在混亂的局勢中，總容易保持一點安定空間給頭腦。

頭腦有點容量，才能敲問良心：我們追求的，究竟是甚麼？

本章參考資料

・〔英〕史密斯（A. D. Smith）著，葉江譯：《民族主義——理論，意識形態，歷史》，上海：上海人民出版社，2006 年。
・〔英〕史密斯（A. D. Smith）著，龔維斌、良警宇譯：《全球化時代的民族與民族主義》，北京：中央編譯出版社，2002 年。
・〔德〕納維德・克爾瑪尼（Navid Kermani）：《緊急狀態》，台北：麥田出版，2017 年。
・〔美〕塔米・安薩里（Tamim Ansary）：《中斷的天命：伊斯蘭觀點的世界史》，台北：廣場出版，2017 年。
・Imam Khomeini, "The Form of Islamic Government", *Islamic Government: Governance of the Jurist* (Dr. Hamid Algar Trans.), New York: Manor Books, 1979.

鄭和船隊
為甚麼去非洲？

　　鄭和的船隊七次下西洋，後面四次都去過東非。為甚麼要去東非呢？

　　鄭和的船隊憑指南針、針路圖，以及並不複雜的過洋牽星術，就遠航大洋，甚至由印度次大陸直接橫過印度洋去東非。他們曾在印度洋上遇險，在斯里蘭卡甚至曾打仗。他們有冒險的勇氣，但並不是後來歐洲式的冒險家，熱衷去「蠻荒」探險，那他們為甚麼要去非洲呢？

　　身處亞洲，我們不了解距離我們很遠的非洲；受近代印象的影響，我們以為非洲就是動物和原始土著的世界，以為只有靠近歐洲的埃及和北非才有文明。但只要看一下地圖，就會懷疑這樣的定見。

　　東非和阿拉伯半島只是一水之隔。熟讀聖經的，當然想起紅海，今日的埃及、蘇丹、埃塞俄比亞等國與阿拉伯半島，就是隔紅海相望的。紅海雖然叫海，但與印度洋比起來，風浪小得多。不過紅海西面的土地不是鄭和船隊在非洲停靠的大港，他們往更南的地方去。

由 1410 到 1430 年代最後一次下西洋，鄭和在東非停靠的大港包括
「木骨都束」、「卜剌哇」、「慢八撒」，估計可能是今天索馬里的首都摩加
迪沙、布臘瓦，肯雅的蒙巴薩。

索馬里位處非洲之角，一個很形象的名字，看看地圖，那片土地像尖
角一樣突入印度洋。而非洲之角與阿拉伯半島只隔着阿丁灣。

即使有地圖佐證，最初我還是不明白為甚麼船隊要去東非。有一晚我
把鄭和船隊可能到訪的地方的現代名輸入到互聯網，而且很懶惰地按圖片
搜尋，一張馬蹄拱古建築圖片跳出來，我以為出錯了，怎會那麼伊斯蘭？

錯的其實是我。7 世紀阿拉伯帝國興起，伊斯蘭教四播。但位處東亞，
我只關心它向東北 —— 即是伊朗、中亞、印北以至新疆的傳播。去南歐旅
行，然後聽聞有入侵西班牙、葡萄牙、西西里的摩爾人，讀點伊斯蘭教歷
史，然後知道北非有強大的法蒂瑪王朝，曾經跟以巴格達為中心的哈里發
分庭抗禮。至於非洲之角及以南的地方，我從未理會過。再一次，我們受今
日新聞的印象影響，一聽到索馬里，就想到擄船勒索的海盜，想到 1993 年
美軍直升機被當地游擊隊擊落，美軍屍體被拖行示眾的場面。

原來阿拉伯半島的宗教新潮，早就因阿拉伯商人和移民而直接傳到東
非沿海，阿拉伯人不斷移入，並且與當地居民通婚。大概到 13 世紀，索
馬里和東非沿海的居民不少改信伊斯蘭教。鄭和船隊在 15 世紀到達東非
的時候，非洲之角和鄰近的地區有好幾個信奉伊斯蘭教的蘇丹國。今日的
索馬里在 13 世紀前後就有當地人建立的一南一北兩個蘇丹國。在南面的
Ajuran 蘇丹國，貿易很興盛，航運路線及於亞非歐各地，當時印度洋各地
以至北非、歐洲的商人都到來做生意，帶來各地的商品，運出非洲大陸的
特產。16 世紀，葡萄牙在它以南建立據點，也曾入侵，都被它擊退。該國
直到 17 世紀才滅亡。

鄭和船隊到東非，跟這些伊斯蘭教國家打交道，開拓貿易，也是應有

之義。不過，如果只讀中國書會很疑惑，「木骨都束」（摩加迪沙）、「卜剌哇」（布臘瓦）相距不過二百公里，中國書都稱它們為國，好像並沒有更上一層的政府似的。兩「國」都曾經遣使去中國，而且曾經一同出使。如果看東非這時的歷史，兩地都屬於 Ajuran 蘇丹國，那麼 Ajuran 蘇丹國與這些「國」是甚麼關係呢？而且 Ajuran 蘇丹國的首都就是摩加迪沙啊！不過中國書裏說摩加迪沙有王和妃，布臘瓦就沒提過，難道這就是提示：明朝人不是不知道有個 Ajuran 蘇丹國的！

▲ 鄭和曾經到訪非洲肯尼亞的商港蒙巴薩。圖為蒙巴薩附近的美麗海灘。
圖：hbpro / shutterstock.com

至於摩加迪沙當時的民風，《明史》說是「俗頑嚚，時操兵習射」，看來是個尚武保家衛國的地方，向來不好欺負。

　　我們對非洲的印象，也有不少待改正的地方。當我們以為黑人文明程度低，卻原來跟埃及同時，埃及南方有黑皮膚的努比亞人，埃及人固然常去入侵，抓努比亞人做俘虜，但努比亞人後來也還擊。約當中國春秋初期的古埃及第二十五王朝，就是努比亞人的王朝，所以埃及有黑皮膚的法老統治了近一百年。

本 章 參 考 資 料

·海軍海洋測繪研究所、大連海運學院航海史研究室編：《新編鄭和航海圖集》，北京：人民交通出版社，1988 年。

後記：經濟搭台 文化唱戲

「當文科課室的燈一熄滅，我們就失去整整一代人。」

我在一本台灣翻譯書封面上，讀到上面這句宣傳語。雖然怪文藝味，很台灣風，但也生動形象地透露出文科園地的蒼涼。文科、文化的失落，原來不獨兩岸三地，而竟然是中外的共同現象。

據說前些年，天水圍的中學生不滿時任教育局長者在該校演講。除了「庸人庸政」招致反感，不滿的其中一點，是他老提「一帶一路」。大概學生視之為政治宣傳，是「洗腦」的又一表現，所以不管三七二十一，先在心裏生出反感來！絲路本來是吸引的題材，否則日本 NHK 不會反覆地去拍它，汗牛充棟的中外文書經常講它。我不去管政商界中人講「一帶一路」的動機，我只是可惜絲路因為被納為中國政策，而似乎在香港年輕人之中被污名化。據我所知，香港文科人倒是對「一帶一路」的提倡有正面反應。無他，有人提倡託名於「一帶一路」的絲路，則最少絲路的歷史可多引起一些人的興趣；舉行中西交通的講座，也多一點機會。甚至更底層的慶幸，是文科人還有點用處，不至完全靠邊站。

可以說，「一帶一路」讓香港文化人實行「經濟搭台，文化唱戲」。文科之落寞和悲哀，可見一斑。

近二十年，內地曾經流行「文化搭台，經濟唱戲」這句話。當年內地的文化人朋友、前輩，聽到這句話，無不火冒三丈。因為向錢看的各路人馬，在這句話的引領、掩護下，大力踩在中國那已經脆弱不堪的文化遺產上，多

方設計，令財源滾滾來。這些人馬有地方政府的，有叱咤全國的；有志在混一兩口飯吃的，有慣於日進斗金的。於是中國美景，變成文化旅遊景點，而江上清風，山間明月，再不是造物主之無盡藏，吾與子不付門票，休想共適。考古遺址，有些加了「公園」兩個字，也是收入先行，許多仿古、復現，心不在焉。太液芙蓉未央柳，凡有古文化的，都當戲服披搭一番，於是古文化的精緻未有發揮，而庸俗化則大行其道。試問那些一生嚴謹，為中國文化精華的點滴發掘、珍重保存的老先生，怎不搖頭嘆息？

從這個角度來說，我覺得有機會反過來，實行「經濟搭台，文化唱戲」，終究讓文化有個唱戲的機會，總比只用來搭台，做經濟霸王的踏腳石為好。

海陸兩條絲路涉及的國族、歷史、信仰、風俗、文化、美藝，紛繁複雜，喜歡的會覺得引人入勝，只想做生意的，可能茫無頭緒。做生意不是搞歷史，但是親歷其境，入鄉問俗，自然增加了想了解的動機。香港生意人多，生意人的價值又佔了主流，但無論出於甚麼動機，只要多一些生意人對海陸絲路有點興趣，對任何文化相關的材料多一點關注，香港的人文水平就有機會提高一線，文化就多一線生機。更何況，絲路的歷史雖然也充滿了血淚衝突，但總比一講中國歷史，無聊之徒就集中於宮廷鬥爭，為開闊多樣。見到更多國族的浮沉掙扎，也比較能慎思和包容；見到掙扎的國族因為有文化而得以存續，也比較能明白文科人為甚麼被人那麼瞧不起，卻仍聲嘶力竭，不遺餘力。

文化是一種久遠的價值。管它是「一帶一路」還是海陸絲路，只要有利於文科唱戲，我還是倒屣相迎的。文科這盞燈在香港長期電源缺乏，我不敢望它大放光明，只是盼望它不致熄滅而已。但願香港人，尤其是年輕的同學，了解這一片苦心，能夠鼓勵一下「經濟搭台，文化唱戲」。

絲路從來是利之所在處，所以向來都複雜。據說美國重提印太戰略，是要針對中國提出「一帶一路」的議題。絲路所以複雜，是因為過去的惡性競爭；絲路所以美麗，是因為它深厚的文化底蘊。請讓文化唱戲吧！

當今絲路人文風景

著者
張倩儀

出版
中華書局（香港）有限公司
香港北角英皇道499號北角工業大廈一樓B
電話：（852）2137 2338
傳真：（852）2713 8202
電子郵件：info@chunghwabook.com.hk
網址：http://www.chunghwabook.com.hk

發行
香港聯合書刊物流有限公司
香港新界大埔汀麗路36號
中華商務印刷大廈3字樓
電話：（852）2150 2100
傳真：（852）2407 3062
電子郵件：info@suplogistics.com.hk

責任編輯　　白靜薇
封面設計　　霍明志
裝幀設計　　黃安琪
排版　　　　陳美連　黎品先
印務　　　　劉漢舉

印刷
美雅印刷製本有限公司
香港觀塘榮業街 6 號
海濱工業大廈 4 樓 A 室

版次
2019年3月初版
© 2019 中華書局（香港）有限公司

規格
16開 （240mm × 170mm）

ISBN
978-988-8571-90-1